中1英語を
ひとつひとつわかりやすく。

［改訂版］

JN021166

Gakken

☺ みなさんへ

　どうすれば，ぼくの生徒はもっと自由に英語が話せるようになるだろう？　小学生から大人まで，いろいろな生徒さんを見守っていく中で，ぼくは，英語の「感覚」を育てることこそが大切なのだとわかりました。単語や文法の知識はもちろん必要ですが，それだけでは，英語を自由に使えるようにはなりません。「考え込まなくても，英語がパッと言える」。この状態を目指すことが重要です。

　そのために，この本では，①難しく感じることは，無理矢理やらないでください。わかること，できることから，じっくりマスターしていきましょう。②英文を書いたあとは，音声を聞きながら，たくさん口に出して読んでください。野球の素振りやピアノのスケール練習と同じように，英語も「簡単なことを何度も」が上達の秘訣です。

　この一冊の本をきっかけに，いつの日か，みなさんが自由に，感覚的に英語を話せるようになれたなら，ぼくは最高に幸せです。Good luck, and have fun!

監修　山田暢彦

☺ この本の使い方

1回15分，読む→解く→わかる！

　1回分の学習は2ページです。毎日少しずつ学習を進めましょう。

CDのトラック番号と
二次元コードです。

左ページが
解説です。

学習のポイントや
追加情報がのっています。

自分の視点で描かれたイラストで，
「こんな場面ではどう言う？」という
実践的な英会話の練習ができます。

Do you～?

答え合わせが終わったら，必ず音読をしよう！

　問題を解いて，答え合わせが終わったら…
① 　CDや二次元コード，アプリを使って音声を聞きましょう。
② 　音声に合わせて読めるようになるのを目標に，音読の練習をしましょう。

　音声と同時に音読するのは難しいことです。うまくできなくてもあまり気にせずに，何度もくり返し練習しましょう。

音声の聞き方は3通り！　自分のスタイルで学べる！

だれでも・どんなときでも音声を気軽に聞けるように，音声の聞き方は3通り用意しています。
自分の学習スタイルにあったものを選んで，最大限に活用してください。

① 付属CD … CDプレーヤーで再生できます。
② 各ページの二次元コード … インターネットに接続されたスマートフォンやタブレットPCで再生
　　できます。（通信料はお客様のご負担となります。）
③ 音声再生アプリ「my-oto-mo（マイオトモ）」
　　… 右のURLよりダウンロードしてください。
※お客様のネット環境やご利用の端末により，音声の再生や
　アプリの利用ができない場合，当社は責任を負いかねます。

https://gakken-ep.jp/extra/myotomo/
アプリは無料ですが，通信料は
お客様のご負担となります。

答え合わせも簡単・わかりやすい！

解答は本体に軽くのりづけしてあるので，ひっぱって取り外してください。
問題とセットで答えが印刷してあるので，かんたんに答え合わせできます。

復習テストで，テストの点数アップ！

各分野のあとに，これまで学習した内容を確認するための「復習テスト」があります。

😃 学習のスケジュールも，ひとつひとつチャレンジ！

まずは次回の学習予定を決めて記入しよう！

最初から計画を細かく立てようとしすぎると，計画をたてることがつらくなってしまいます。
まずはもくじページに，次回の学習予定日を決めて記入してみましょう。
1日の学習が終わったら，シールを貼りましょう。どこまで進んだかがわかりやすくなるだけ
でなく，「ここまでやった」という頑張りが見えることで自信がつきます。

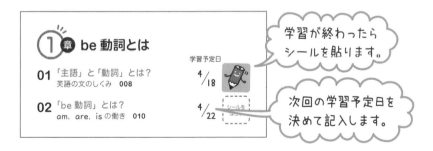

カレンダーや手帳で，さらに先の学習計画を立ててみよう！

スケジュールシールは多めに入っています。
カレンダーや自分の手帳にシールを貼りながら，まずは
1週間ずつ学習計画を立ててみましょう。あらかじめ定期
テストの日程を確認しておくと，直前に慌てることなく学
習でき，苦手分野の対策に集中できますよ。
ときには計画通りにいかないこともあるでしょう。あき
らめず，できるところからひとつひとつ，がんばりましょう。

もくじ 中1英語

次回の学習日を決めて，書きこもう。
1回の学習が終わったら，巻頭のシールをはろう。

学習予定日

わかる君を探してみよう!

この本にはちょっと変わったわかる君が全部で
5つかくれています。学習を進めながら探して
みてくださいね。

😛 😜 😊 😉 🙂

色や大きさは，上の絵とちがうことがあるよ！

アルファベットの書き方・読み方

- アルファベットは全部で26文字あり，それぞれに**大文字**と**小文字**があります。
- A〜Zの音声を聞いてから，手書き用の書体のお手本の右側に，それぞれ2〜3回ずつ書きましょう。

ここに示した字形は代表的な例です。アルファベットの形は，教科書によって異なる場合があります。

▼活字用の書体
大文字　小文字

(1) A a
▼手書き用の書体（ブロック体）
A　　　a
大文字　　　　　小文字

(2) B b
B　　b

(3) C c
C　　c

(4) D d
D　　d

(5) E e
E　　e

(6) F f
F　　f

(7) G g
G　　g

(8) H h
H　　h

(9) I i
I　　i

(10) J j
J　　j

(11) K k
K　　k

(12) L l
L　　l

(13) M m
M　　m

(14) N n
N　　n

(15) O o
O　　o

(16) P p
P　　p

(17) Q q
Q　　q

(18) R r
R　　r

(19) S s
S　　s

(20) T t
T　　t

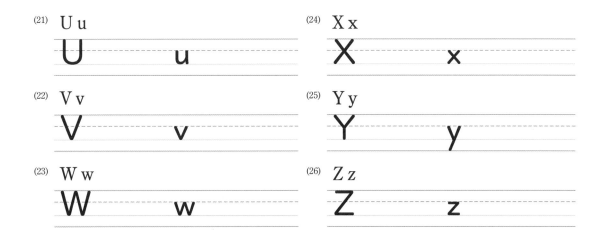

(21) U u

U　　　u

(22) V v

V　　　v

(23) W w

W　　　w

(24) X x

X　　　x

(25) Y y

Y　　　y

(26) Z z

Z　　　z

単語の書き方

● 単語を書くときには，文字と文字の間をあけすぎたり，つめすぎたりしないようにしましょう。

○ apple　×　▼文字と文字の間をあけすぎ　a p p l e　×　▼文字と文字の間をつめすぎ　apple

● **人名・地名**の最初の文字はいつも大文字で書きます。（曜日名・月名も同じ→ p.131）

美樹　Miki　　　東京　Tokyo　　　日本　Japan

英文の書き方

● 文の最初は**大文字**で書き，文の終わりには**ピリオド**（.）をつけます。

● 単語と単語の間はくっつけずに，小文字1文字分くらいの**スペース**をあけて書きます。

▼文の最初は大文字
Good morning.
▲スペース　　　　　　　　▲文の最後はピリオド

● 疑問文（質問する文）のときは，ピリオドのかわりに**クエスチョン・マーク**（?）をつけます。

Are you Miki?
▲クエスチョン・マーク

● Yes や No のあとには**コンマ**（,）をつけます。

●「私は」という意味の I は，文の最初でなくても，**いつも大文字**で書きます。

▼いつも大文字
Yes, I am.
▲コンマ

01 英語の文のしくみ 「主語」と「動詞」とは？

　英語の文の骨組みになっているのは「主語」と「動詞」です。ほんの一部の例外をのぞいて，どんな英文にも「主語」と「動詞」が必要です。

　「主語」とは，「私は」「あなたは」「健太は」のように，文の主人公を表すことばです。

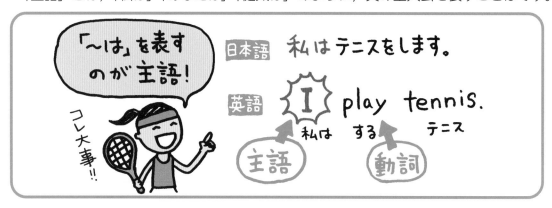

　上の英文の play は，スポーツなどを「する」という意味の「動詞」です。

　「動詞」とは，「歩く」「走る」「話す」「聞く」「好む」「食べる」「勉強する」のように，おもに「動き」を表すことばです。
　日本語では，最後の音をのばして言ってみると「ウー」になるのが動詞です。

　今回の学習では，まだ動詞を覚える必要はありません。**英語の文には主語と動詞が必要**，ということを知っておくだけで OK です。

　右ページの英文で，どれが主語で，どれが動詞なのかをチェックしましょう。

答えは別冊2ページ
答え合わせが終わったら，音声に合わせて英文を音読しましょう。

1 主語をさがして，〇で囲みましょう。

(例) **Ⓘ play tennis.** （私はテニスをします。）
　　　私は　　する　　テニス

(1) **You run fast.** （あなたは速く走ります。）
　　 あなたは　走る　速く

(2) **Kenta likes baseball.** （健太は野球が好きです。）
　　 健太は　　好む　　　野球

(3) **We speak Japanese.** （私たちは日本語を話します。）
　　 私たちは　話す　　日本語

2 動詞をさがして，〇で囲みましょう。

(例) **I (play) tennis.** （私はテニスをします。）
　　 私は　する　テニス

(1) **You eat a lot.** （あなたはたくさん食べます。）
　　 あなたは　食べる　たくさん

(2) **I have a bike.** （私は自転車を持っています。）
　　 私は　持っている　自転車

(3) **We walk to school.** （私たちは学校まで歩きます。）
　　 私たちは　歩く　〜へ　学校

(4) **I like music.** （私は音楽が好きです。）
　　 私は　好む　音楽

ポイント 「主語→動詞→それ以外」というのが英語の基本の語順です。
教科書などでは主語は「S」，動詞は「V」という記号で表されることもあります。

02 「be 動詞」とは？

am, are, is の働き

英語には，run（走る）や play（〈スポーツなどを〉する）などの「動き」を表すふつうの動詞のほかに，**be 動詞**という特別な動詞があります。

be 動詞とは，am, are, is のことです。（この 3 つを be 動詞と呼ぶのは，be という 1 つの動詞が変化してできたものだからです。）

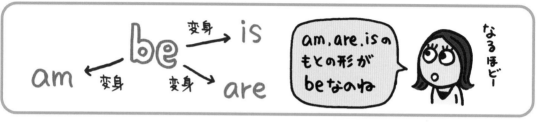

be 動詞は，**「イコール」**でつなぐ働きをする動詞です。

日本語の話しことばでは，「私ジュディー。」と言うこともありますね。しかし英語では，くだけた話しことばでも ×I Judy. と言うことはありません。

これは，「英語の文には動詞が必要」という大原則があるからです。そのため，「イコールでつなぐ動詞」である be 動詞が必要なのです。

英語の動詞には，**①ふつうの動詞**（おもに「動き」を表す run や play など）と，今回学習した **②be 動詞**（「イコール」を表す）の 2 種類があります。
伝えたい内容によって，この ① ② の 2 種類の動詞を使い分けます。

基本練習

答えは別冊2ページ
答え合わせが終わったら，音声に合わせて英文を音読しましょう。

 2章
 3章
 4章
 5章
 6章
 7章
 8章
 9章
10章

1 be動詞を〇で囲み，be動詞以外の動詞を□で囲みましょう。
be動詞は，前後の語をイコールでつなぐ働きをしていることに注意して
ください。

(例) I (am) Judy. （私はジュディーです。）

I [play] tennis. （私はテニスをします。）

(1) I am busy. （私は忙しい。）
　　　　　　忙しい

(2) I speak English. （私は英語を話します。）
　　　　　　　英語

(3) You are kind. （あなたは親切です。）
　　　　　　親切な

(4) Miki is a singer. （美樹は歌手です。）
　　　　　　　歌手

(5) My name is Takuya. （私の名前は拓也です。）
　　私の　　名前

(6) His house is big. （彼の家は大きい。）
　　彼の　　家　　　　大きい

(7) I watch TV every day. （私は毎日テレビを見ます。）
　　　　見る　テレビ　　毎日

(8) Kenta is in the kitchen. （健太は台所にいます。）
　　　　　　　～の中に　　台所

ポイント am, are, is は3つのちがう単語のように見えますが，「イコールでつなぐ」という働きを
する同じ動詞（be動詞）です。

03 am, are, is の使い分け ①

I am ～. / You are ～.

今回からは，be 動詞の 3 つの形（am, are, is）の使い分けについて学習します。
am, are, is のどれを使えばいいかは，文の**主語**（「～は」にあたる語）が何なのか
によって決まっています。

主語が **I**（私）のときは，be 動詞は <u>am</u> を使います。×I is ～. などと言うことは
ありません。

主語が **you**（あなた）のときには，be 動詞は <u>are</u> を使います。×You is ～. はま
ちがいです。

I のときは am で，you のときは are です。ルールは簡単ですね。

I am と you are はよく使われるフレーズなので，言いやすいように縮めた <u>I'm</u>/
<u>you're</u> という短縮形もあります。会話では，この短縮形がとてもよく使われます。

次回は，is について学習します。

基本練習

答えは別冊 2 ページ
答え合わせが終わったら，音声に合わせて英文を音読しましょう。

1 英語にしましょう。①短縮形を使わない形と，②短縮形（I'm / you're）を使った形の両方で書いてみましょう。

（例） 私は美樹です。

① **I am Miki.**   ② **I'm Miki.**

(1) 私は忙しい。

① _____

② _____
忙しい：busy

(2) あなたは背が高い。

① _____

② _____
背が高い：tall

(3) 私は 13 歳です。

① _____

② _____
13 歳：thirteen

(4) あなたは遅刻です。

① _____

② _____
遅刻：late

2 絵の人物に言うつもりで，ふきだしの内容を英語で表しましょう。

ピアノがじょうずな友達に声をかけます。

じょうずだね！

_____
you を主語にしましょう。　　じょうず：good

会話では，ほとんどの場合，I am よりも短縮形の I'm を使ったほうが自然な英語に聞こえます。「短縮すると失礼になるのでは？」という心配はしなくてだいじょうぶです。

04 am, are, is の使い分け ②

is を使う文

be 動詞は，主語が I なら am を，you なら are を使うのでしたね。
is を使うのは，主語が I でも you でもない場合です。

主語が，**I でも you でもない「1人の人」**のときは，<u>is</u> を使います。
Kenta（健太），my mother（私の母），he（彼），she（彼女）……など，is を使う主語は無数にあります。I と you 以外は is です。

he is と she is には，he is → <u>he's</u>，she is → <u>she's</u> という短縮形があります。

主語が**「1つの物」**のときにも **is** を使います。
this（これ），that（あれ），that house（あの家），my cat（私のねこ）……など，これも無数にあります。

that is には <u>that's</u> という短縮形があります。（this is には短縮形がありませんので注意してください。）

まとめると，主語が「1人」または「1つ」のときは is を使えば OK（I と you だけは例外）ということです。

基本練習

答えは別冊 2 ページ
答え合わせが終わったら，音声に合わせて英文を音読しましょう。

1 am, are, is のうち，適する形を（　）に書きましょう。

(1)　健太は背が高い。

Kenta （　　　　　） tall.

(2)　あの家は大きい。

That house （　　　　　） big.

(3)　私は大阪の出身です。

I （　　　　　） from Osaka.

(4)　あなたは正しい。

You （　　　　　） right.
　　　　　　　　　　正しい

(5)　あなたのカメラは新しい。

Your camera （　　　　　） new.
あなたの　　カメラ　　　　　　　新しい

(6)　これは私の自転車です。

This （　　　　　） my bike.
　　　　　　　　　　私の　自転車

2 ふきだしの内容を英語で表しましょう。

ごちそうしてもらった食べ物の感想を伝えます。

> これおいしい！

おいしい：delicious

😊 ポイント　this には，<u>This</u> is my house.（<u>これ</u>は私の家です。）のように「これ」という意味と，<u>This</u> house is big.（<u>この</u>家は大きい。）のように「この～」という意味があります。that（あれ，あの～）も同じです。

05 am, are, is の使い分け ③

複数の are

前回，I と you 以外の「1人の人」，「1つの物」には is を使う，と学習しました。これは，2人の人や2つの物が主語のときには is は使えないからです。

「1人」または「1つ」のことを**単数**といい，「2人［2つ］」またはそれ以上のことを**複数**といいます。

英語は，この単数と複数の区別がとても大切なことばです。主語が単数なのか，複数なのかによって動詞の形を使い分ける必要があります。

be 動詞は，主語が**複数**のときには are を使います。

「健太と大樹は〜」のように主語が複数のときは，is ではなく are を使って Kenta and Daiki are 〜. とします。

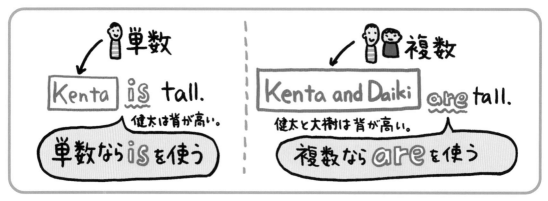

90 ページでくわしく学習しますが，these books（これらの本）や my dogs（私の犬たち）のような複数形（s がついた形）が主語のときも，be 動詞は are を使います。

1 am，are，is のうち，適する形を（　）に書きましょう。

(1) 健太は背が高い。

Kenta （　　　　　） tall.

(2) 健太と大樹は背が高い。

Kenta and Daiki （　　　　） tall.

(3) 彼は東京の出身です。

He （　　　　） from Tokyo.

(4) 彼らは東京の出身です。

They （　　　　） from Tokyo.
彼らは（複数を表す）

(5) 拓也と私は今，横浜にいます。

Takuya and I （　　　　） in Yokohama now.
今

(6) 私たちは今，横浜にいます。

We （　　　　） in Yokohama now.
私たちは（複数を表す）

2 ふきだしの内容を英語で表しましょう。

旅先で夜，外に出たらすごい星空です。

星がきれい！

- -
星：the stars　　きれい：beautiful

we are（私たちは）は we're，they are（彼らは，それらは）は they're という短縮形
がよく使われます。

06 am, are, is の整理

be動詞の変化のまとめ

これまでに勉強した，be動詞の使い方をもう一度確認しましょう。

　be動詞は，**主語**（「〜は」「〜が」にあたる語）と，be動詞のあとにくる語を「イコール」でつなぐ動詞です。

Kenta 健太	is =	busy. 忙しい	（健太は忙しい。）
		a soccer fan. サッカーのファン	（健太はサッカーのファンです。）
		in the kitchen. 台所の中に	（健太は台所にいます。）
		from Tokyo. 東京の出身	（健太は東京の出身です。）

be動詞には，am, are, is の3つの形があります。
am, are, is は，主語によって次のように使い分けます。

主語	be動詞		短縮形
I	am		I'm 〜.
You	are		You're 〜.
Kenta That house He She This That （単数）	is	〜.	—— —— He's 〜. She's 〜. —— That's 〜.
Kenta and Daiki We They （複数）	are		—— We're 〜. They're 〜.

答えは別冊 3 ページ
答え合わせが終わったら，音声に合わせて英文を音読しましょう。

1 am，are，is のうち，適する形を（　）に書きましょう。

(1) 愛子は高校生です。
Aiko（　　　　　　）a high school student.
高校　　　　　　生徒

(2) 私はサッカーのファンです。
I（　　　　　　）a soccer fan.
サッカー　　ファン

(3) 私の父はシドニーにいます。
My father（　　　　　　）in Sydney.
シドニー

(4) あなたは歌がじょうずです。
You（　　　　　　）a good singer.
よい　　　歌い手

(5) 彼らはカナダの出身です。
They（　　　　　　）from Canada.
カナダ

(6) このスマホは新しい。
This smartphone（　　　　　　）new.
スマートフォン

2 ふきだしの内容を英語で表しましょう。

友達とハイキング中に，少し休憩したくなりました。

疲れました。

- -
疲れた：tired

I'm 〜. は自己紹介だけでなく，自分の状態や居場所を伝えるときなどにもよく使われます。
また，You're 〜. は You're great!（すごいね！）などのように相手をほめるときにも使えます。

復習テスト①

→ 答えは別冊15ページ

1章 be 動詞とは

1 次の（　）内から適するものを選び，○で囲みましょう。 【各4点 計20点】

(1) （ She / She's ）is a kind teacher. （彼女は優しい先生です。）

(2) （ You / You're ）late. （あなたは遅刻です。）

(3) We（ am / are / is ）busy. （私たちは忙しい。）

(4) Your bag（ am / are / is ）on the desk.
（あなたのかばんは机の上にあります。）

(5) Emily and Bob（ am / are / is ）in the living room.
（エミリーとボブは居間にいます。）

2 次の日本文を英語にしましょう。 【各10点 計40点】

(1) これは彼のカメラです。

彼のカメラ：his camera

(2) あれは私の自転車です。

私の自転車：my bike

(3) 彼らはオーストラリアの出身です。

彼らは：they　　オーストラリア：Australia

(4) 彼女の家は大きい。

彼女の家：her house　　大きい：big

3 次の人物になったつもりで，(1)～(4)の内容を英語にしましょう。　【各10点　計40点】

Sayaka

Hi.　I'm Sayaka.
(1)　私は東京の出身です。
(2)　私は12歳です。
(3)　私は中学生です。
(4)　私の母は英語の先生です。

(1) _____

(2) _____
12歳：twelve

(3) _____
中学生：a junior high school student

(4) _____
私の母：my mother　　英語の先生：an English teacher

→ 答え合わせが終わったら，
音声に合わせて英文を音読しましょう。

もっと💡くわしく

自己紹介でよく使う表現

●出身地
「私は～の出身です。」は I'm from ～. で表します。（from は「～から（の），～出身の」という意味です。）
地名や国名は大文字で書き始めることに注意しましょう。
・I'm from Japan.　（私は日本の出身です。）
・I'm from Hokkaido.　（私は北海道の出身です。）

●年齢
「私は～歳です。」は，I'm のあとに年齢の数を言えば OK です。〈数の言い方→ p.130〉
年齢のあとに years old（歳）をつけることもあります。
・I'm thirteen. / I'm thirteen years old.　（私は13歳です。）

07 いろいろな動詞

一般動詞の文（主語が I, you のとき）

英語の動詞には，**be 動詞**と**それ以外の動詞**の２種類があります。ここからは，be 動詞以外の動詞について学習します。

be 動詞以外のすべての動詞を<u>一般動詞</u>と呼びます。（be 動詞ではない「ふつうの動詞」という意味です。）

> **「一般動詞」はとてもたくさんある**
> - play（〈スポーツなどを〉する）
> - like（好む）
> - have（持っている）
> - study（勉強する）
> - watch（〈テレビなどを〉見る）
>
> などなど…

これらの動詞を使うときは，日本語との語順のちがいに注意が必要です。

英語ではいつも，「だれが［何が］（主語）」→「どうする（動詞）」→「何を」の順番で文を組み立てるのがルールです。日本語の語順とはちがいますね。

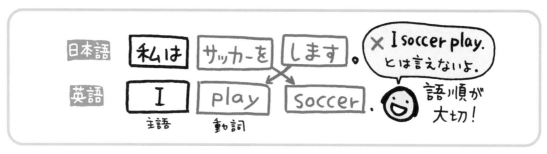

一般動詞の文でとても多いまちがいは，「私は音楽が好きです。」を，×I am like music. としてしまうことです。

英語の文には動詞が必要ですが，**動詞は１つでよい**のです。like（好む）という動詞（一般動詞）を使うなら，am という動詞（be 動詞）は必要ありません。

022

答えは別冊3ページ
答え合わせが終わったら，音声に合わせて英文を音読しましょう。

1 適する動詞を選び，（　）に書きましょう。

(1) 私はサッカーをします。

I （　　　　　） soccer.

(2) 私はかばんの中にカメラを持っています。

I （　　　　　） a camera in my bag.
かばん

(3) 私はバスケットボールが好きです。

I （　　　　　） basketball.
バスケットボール

(4) 私は毎日テレビを見ます。

I （　　　　　） TV every day.

have
play
like
watch

2 英語にしましょう。

(1) 私はギターを弾きます。

_____

「弾く」は「（スポーツなどを）する」と同じ動詞を使う。　ギター：the guitar

(2) 私は毎日英語を勉強します。

_____ every day.

英語：English

(3) 私は日本語を話します。

_____

話す：speak　　日本語：Japanese

3 ふきだしの内容を英語で表しましょう。

テレビを見ていたら好きな曲が流れました。

この曲，好き。

_____

_____

主語と動詞のある文にしましょう。　　この曲：this song

I play soccer. の soccer のように，動詞のあとの「〜を」にあたる語句を「動詞の目的語」といいます。教科書などでは「O」という記号で表されることがあります。
オウ

08 「3人称」とは？

英語の勉強を少し進めると，「3人称の主語」のような説明に出会うことがあります。ふだんの生活では使わないことばですが，英語などの外国語を勉強するときには必要な考え方なので，ここで簡単に説明します。

「人称」には，「1人称」「2人称」「3人称」の3種類があります。
（この「1」「2」「3」は，人数とは関係ありません。①②③の番号をつけてあるだけだと思ってください。）

自分をさす語，つまり I（私）を「**1人称**」と呼びます。（we（私たち）も1人称です。→p.36）

相手をさす語，つまり you（あなた・あなたたち）を「**2人称**」と呼びます。

「自分」と「相手」以外をさす語を「**3人称**」と呼びます。
he（彼）や she（彼女），Ken（健）などは3人称です。

自分（I）と相手（you）以外はすべて3人称ですので，人だけでなく，物や動物もみんな3人称です。

基本練習

答えは別冊3ページ
答え合わせが終わったら，音声に合わせて英文を音読しましょう。

1 主語（下線部）が3人称の英文を選び，（　　）に○を書きましょう。

(1) <u>Ms. Brown</u> is a teacher. 　　　　　　（　　）
〜さん，〜先生（女性に使う）
（ブラウンさんは先生です。）

(2) <u>I</u> like baseball. 　　　　　　（　　）

（私は野球が好きです。）

(3) <u>My father</u> is busy. 　　　　　　（　　）

（私の父は忙しい。）

(4) <u>You</u> are tall. 　　　　　　（　　）

（あなたは背が高い。）

(5) <u>This</u> is my notebook. 　　　　　　（　　）
　　　　　ノート
（これは私のノートです。）

(6) <u>My dog</u> is in the yard. 　　　　　　（　　）
　　　　　　　　　　庭
（私の犬は庭にいます。）

(7) <u>She</u> is from Australia. 　　　　　　（　　）

（彼女はオーストラリアの出身です。）

(8) <u>That house</u> is big. 　　　　　　（　　）

（あの家は大きい。）

 英語の1人称は，自分をさす I（私）と we（私たち）。2人称は，相手をさす you（あなた・あなたたち）。それ以外の人や物はすべて3人称です。

09 動詞の形の使い分け ①

　英語の動詞は，主語によって形が変化します。be動詞の場合はam，are，isを使い分けるのでしたね。一般動詞の場合はどうでしょう？

　主語がIのときとyouのときは，一般動詞の形は何も変わりません。つまり，そのままの形で使います。

　でも，主語がI（1人称）でもyou（2人称）でもないとき，つまり**3人称**のときは，ふつう動詞に**s**をつけます。（ただし複数のときは例外です。→ p.30）
　たとえば，「彼はギターを弾きます。」なら He plays the guitar. と言います。
×He play the guitar. と言うことはできません。

　このように一般動詞は，「そのままの形」と「sをつけた形」の2つを使い分けます。

　「私」「あなた」以外の単数の主語を3人称単数の主語といい，動詞につけたsのことを「**3単現**（**3**人称**単**数・**現**在形）のs」といいます。

基本練習

答えは別冊4ページ
答え合わせが終わったら，音声に合わせて英文を音読しましょう。

1 適する動詞を選び，必要があれば形を変えて（　）に書きましょう。
同じ動詞を2回以上使ってもかまいません。

like　play　come　live　speak　walk　want

(1) 私はテニスをします。私の母もテニスをします。

I (　　　　) tennis. My mother (　　　　)
tennis, too.
　　　　　　~も

(2) 私はピアノを弾きます。佐藤さんはギターを弾きます。

I (　　　) the piano. Mr. Sato (　　　　) the
　　　　　ピアノ　　　~さん，~先生(男性に使う)
guitar.

(3) 私はねこが好きです。健太は犬が好きです。

I (　　　　) cats. Kenta (　　　　) dogs.
　　　　　　ねこ　　　　　　　　　　犬

(4) 私は東京に住んでいます。私の兄は大阪に住んでいます。

I (　　　　) in Tokyo. My brother (　　　　) in
　　　　　　　　　　　　　　　兄，弟
Osaka.

(5) 大樹は毎日学校まで歩きます（歩いて通学しています）。

Daiki (　　　　) to school every day.

(6) 私の父は8時に家に帰ってきます。

My father (　　　　) home at eight.
　　　　　　　　　　　家に

(7) 彼は中国語を話します。

He (　　　　) Chinese.
　　　　　　　中国語

(8) 彼女はスマートフォンをほしがっています。

She (　　　　) a smartphone.

主語によって動詞の形が変化するのは，日本語にはない英語の特徴です。テスト対策として
だけでなく，英語を話すときも自然に形を使い分けられるように慣れていきましょう。

10 まちがえやすい3単現

主語が3人称単数のときは，動詞の最後に「3単現の s」をつけるのでしたね。

大部分の動詞は，come → **comes**，like → **likes** のようにそのまま s をつけるのですが，そうではない動詞が少しだけあります。

have（持っている）の3単現は，**has** という特別な形になります。
×haves ではありませんので注意しましょう。

① 特別な形になる動詞

have（持っている）⇨ has（3単現）

go（行く）は，s ではなく **es** をつけて **goes** となります。
teach（教える），watch（見る），wash（洗う）も，s ではなく es をつけます。

② es をつける動詞

- go（行く）⇨ go es（3単現）
- teach（教える）⇨ teach es
- watch（テレビなどを見る）⇨ watch es
- wash（洗う）⇨ wash es

study（勉強する）は，最後の y を i に変えて **es** をつけ，**studies** となります。

③ y → ies にする動詞

study（勉強する）⇨ studies（3単現）

es をつける動詞はほかにもありますが，中1範囲では，まず上で紹介した動詞をしっかりと覚えておきましょう。

基本練習

答えは別冊4ページ
答え合わせが終わったら，音声に合わせて英文を音読しましょう。

1 適する動詞を選び，必要があれば形を変えて（　）に書きましょう。同じ動詞を2回以上使ってもかまいません。

> study　teach　watch　wash　have

(1) 私はねこを1ぴき飼っています。健太は犬を1ぴき飼っています。
I（　　　　　）a cat.　Kenta（　　　　　）a dog.
「飼っている」は「持っている」と同じ動詞を使います。

(2) 私には兄が1人います。美樹にはお姉さんが1人います。
I（　　　　）a brother.　Miki（　　　　）a sister.
「（兄・姉が）いる」も「持っている」と同じ動詞を使います。　姉, 妹

(3) 鈴木先生は音楽を教えています。
Ms. Suzuki（　　　　　）music.

(4) 彼女は毎日テレビを見ます。
She（　　　　）TV every day.

(5) 久美は熱心に英語を勉強します。
Kumi（　　　　）English hard.
熱心に

2 ふきだしの内容を英語で表しましょう。

どの電車が東京に行くか聞かれました。

> あの電車が東京に行きますよ。

あの電車：that train　〜に：to 〜

厳密に言えば，「o, s, x, ch, sh」で終わる動詞には es をつけ，「a, i, u, e, o 以外の文字＋y」で終わる動詞は y を i に変えて es をつけるという法則があります。

029

11 動詞の形の使い分け ②

一般動詞の文（主語が複数のとき）

　一般動詞は，主語によって２つの形を使い分けるのでしたね。主語が I か you のときは「**そのままの形**」を使い，それ以外の単数（３人称単数）のときは「**s がついた形**」を使います。

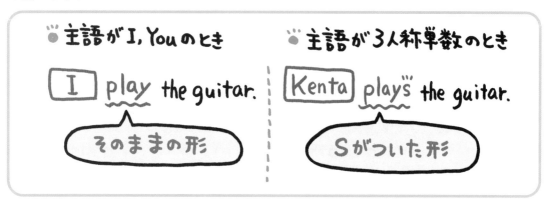

　では，主語が Kenta and Daiki（健太と大樹）のように，２人，つまり**複数**のときは，動詞はどちらの形を使うのでしょうか。

　主語が複数のときは，動詞は s がつかない「**そのままの形**」を使います。

　このように一般動詞は，主語が３人称単数のときだけ「s がついた形」を使い，それ以外のときは「そのままの形」を使います。この区別をしっかりと覚えておきましょう。

基本練習

答えは別冊4ページ
答え合わせが終わったら，音声に合わせて英文を音読しましょう。

1 動詞 play を，必要があれば形を変えて（　）に書きましょう。

(1) I （　　　　　） the guitar.

(2) Kenta （　　　　　） the guitar.

(3) Kenta and Daiki （　　　　　） the guitar.

(4) You （　　　　　） the guitar.

(5) We （　　　　　） the guitar.
私たちは(複数)

2 適する動詞を選び，必要があれば形を変えて（　）に書きましょう。

> live　　study　　speak　　go

(1) 恵子は毎日英語を勉強します。
Keiko （　　　　　） English every day.

(2) マイクとクリスはニューヨークに住んでいます。
Mike and Chris （　　　　　） in New York.
ニューヨーク

(3) 健と彼の妹はいっしょに学校に行きます。
Ken and his sister （　　　　　） to school together.
いっしょに

(4) 彼らは英語を話します。
They （　　　　　） English.
彼らは(複数)

ポイント 3単現の「単」は「単数」の「単」です。3単現のsをつけるのは，主語が3人称（Iでも youでもない）で，しかも単数（1人または1つ）のときだけです。

12 動詞の形のまとめ

be 動詞以外のすべての動詞を**「一般動詞」**と呼ぶのでしたね。一般動詞はとてもたくさんあります。ここで，基本的なものをもう一度確認しておきましょう。

基本的な一般動詞

☐ play（〈スポーツやゲームを〉する，〈楽器を〉演奏する）

☐ like（好む）　　　　　　　☐ have（持っている）

☐ go（行く）　　　　　　　　☐ come（来る）

☐ watch（〈テレビなどを〉見る）　☐ speak（話す）

☐ study（勉強する）　　　　☐ teach（教える）

☐ live（住んでいる）　　　　☐ want（ほしがっている）

☐ walk（歩く）　　　　　　　☐ wash（洗う）

---

be 動詞は，主語によって **am, are, is** の３つの形を使い分けました。

一般動詞は，主語によって**「そのままの形（s がつかない形）」**と，**「s がついた形（3人称単数・現在形）」**の２つを使い分けます。

主語	一般動詞の形	
I（1人称）	play	
You（2人称）	play	
Kenta / My father / He / She など**3人称単数**	play<u>s</u>	～.
Kenta and Daiki / We / They など複数	play	

上の表でわかるように，主語が I でも you でもない単数（3人称単数）のときだけ，動詞は「s がついた形」にします。have の3人称単数・現在形は **has** という形になるので注意しましょう。

主語が I のとき，you のとき，複数のときは，動詞はそのままの形で OK です。

答えは別冊4ページ
答え合わせが終わったら，音声に合わせて英文を音読しましょう。

🎧14

1 適する動詞を選び，必要があれば形を変えて（　）に書きましょう。

play	speak	go	like
have	watch	want	live

(1) 私は金沢に住んでいます。
I (　　　　　) in Kanazawa.

(2) 私の母は犬が好きです。
My mother (　　　　　) dogs.

(3) 彼らは日本語を話します。
They (　　　　　) Japanese.
　　　　　　　　　　　　日本語

(4) 私は新しい自転車がほしい。
I (　　　　　) a new bike.

(5) 由紀と美咲は毎日テニスをします。
Yuki and Misaki (　　　　　) tennis every day.

(6) 私の兄は車を持っています。
My brother (　　　　　) a car.

(7) 私は大樹といっしょに学校に行きます。
I (　　　　　) to school with Daiki.
　　　　　　　　　　　　　　　～といっしょに

(8) 彼女は夕食後にテレビを見ます。
She (　　　　　) TV after dinner.
　　　　　　　　　　　～のあとに　夕食

😊ポイント 一般動詞に s をつける主語は，be 動詞の文で is を使う主語と同じです。is は be 動詞の 3
人称単数・現在形なのです。

復習テスト②

→ 答えは別冊15ページ

得点

／100点

2章 一般動詞とは

1

次の（　）内から適するものを選び，〇で囲みましょう。　【各5点　計20点】

(1) Emily (is like / like / likes) soccer.
（エミリーはサッカーが好きです。）

(2) You (are speak / speak / speaks) good English, Kyoko.
（きみはじょうずな英語を話すね，京子。）

(3) Yuki and Misaki (is go / go / goes) to school together.
（由紀と美咲はいっしょに学校に行きます。）

(4) We (are live / live / lives) in Tokyo.
（私たちは東京に住んでいます。）

2

適する動詞を右から選び，必要があれば形を変えて（　）に書きましょう。

【各5点　計20点】

(1) 健は英語を熱心に勉強します。
Ken (　　　　　　　) English hard.

(2) 田中先生は理科を教えています。
Mr. Tanaka (　　　　　　　) science.

(3) 私は毎日ギターを練習します。
I (　　　　　　　) the guitar every day.

(4) 私の父は7時に家に帰ってきます。
My father (　　　　　　　) home at seven.

come

teach

practice

study

034

3

次の日本文を英語にしましょう。

【各10点　計60点】

(1) 私はバスケットボールが好きです。

バスケットボール：basketball

(2) 美樹（Miki）はピアノを弾きます。

ピアノ：the piano

(3) 私の姉はカメラを持っています。

私の姉：my sister　カメラ：a camera

(4) 私は夕食後にテレビを見ます。

---- after dinner.

(5) 鈴木先生（Ms. Suzuki）は中国語を話します。

中国語：Chinese

(6) 拓也（Takuya）は毎日学校まで歩きます（歩いて通学しています）。

---- every day.

学校まで：to school

 15

→ 答え合わせが終わったら，
音声に合わせて英文を音読しましょう。

もっとくわしく

have のいろいろな意味

have はもっともよく使われる一般動詞の1つで，いろいろな意味があります。

◆「～を持っている」（have の基本的な意味）
・I have a camera in my bag. （私はかばんの中にカメラを持っています。）
◆「（きょうだいが）いる」
・She has a sister. （彼女には姉［妹］が1人います。）
◆「（動物を）飼っている」
・I have a cat. （私はねこを1ぴき飼っています。）
◆「食べる，食事をとる」
・I have rice for breakfast. （私は朝食にごはんを食べます。）
◆「（行事などが）ある」
・We have English class today. （今日は英語の授業があります。）

13 代名詞（主格） 「彼は」「私たちは」など

「健太」「美樹」「兄」「先生」「本」「りんご」「花」「ねこ」……のように，人や物の名前を表すことばを「名詞」といいます。

「代名詞」とは，これらの具体的な名詞の代わりに使われることばです。たとえば，he（彼），she（彼女）は代名詞です。

代名詞を使えば，同じことばを何度もくり返さなくてよいので便利ですね。

一度話に出てきた人や物をさすときには，ふつう代名詞を使います。

まずは，文の主語として使われる，次の代名詞を確認しましょう。

近くの物をさす this（これ）と，離れたところにある物をさす that（あれ）も代名詞です。

物だけでなく，人を紹介するときにも使われます。

複数のときは，this/that の代わりに these（これら）/those（あれら）を使います。

基本練習

答えは別冊5ページ
答え合わせが終わったら，音声に合わせて英文を音読しましょう。

1 適する代名詞を（　　）に書きましょう。

(1) 私たちは同じクラスです。

（　　　　　） are in the <u>same</u> <u>class</u>.
　　　　　　　　　　　同じ　　クラス

(2) これは私のカメラです。それは新しいです。

This is my camera. （　　　　　） is new.
　　　　　↑ my camera をさす

(3) 私の母は音楽が好きです。彼女はピアノを弾きます。

My mother likes music. （　　　　　） plays the
　　　　　　　　　　　　↑ my mother をさす
piano.

(4) 久美と美樹は友達です。彼女たちは美術部です。

Kumi and Miki are <u>friends</u>. （　　　　　） are in
　　　　　　　　　　　　友達　　　　↑ Kumi and Miki をさす
the <u>art</u> <u>club</u>.
　　美術　クラブ

(5) ブラウン先生は英語の先生です。彼はカナダの出身です。

Mr. Brown is an English teacher. （　　　　　） is
　　　　　　　　　　　　　　　　　　　↑ Mr. Brown をさす
from Canada.

(6) 私は犬とねこを飼っています。それらはとてもかわいいです。

I have a dog and a cat. （　　　　　） are <u>very</u>
　　　　　　　　　　↑ a dog and a cat をさす　　とても
<u>cute</u>.
かわいい

2 ふきだしの内容を英語で表しましょう。

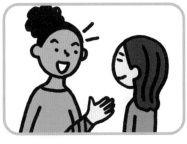

自分の友達を紹介しましょう。

> こちらは友人のアヤです。

友人のアヤ：my friend Aya

 「こちらは〜です。」のように目の前の人を紹介するときには This is 〜. が使われます。

右側タブ: 1章 / 2章 / 3章 英文をつくる単語 / 4章 / 5章 / 6章 / 7章 / 8章 / 9章 / 10章

14 代名詞（所有格）
「彼の」「私たちの」など

「あなたの名前」は，英語では your name と言いますね。この your は，代名詞の you が変化した形です。

英語ではこのように代名詞を変化させて，**「だれだれの〜」** という意味を表します。

これらの語は，**名詞の前**でしか使えないので注意してください。
また，これらの語を使うときには，名詞に **a** や **the** をつけてはいけません。

　代名詞を使わずに「健太の自転車」のように具体的な人の名前で言いたいときには，人の名前のあとに **'s** をくっつければ OK です。

Kenta's bike
健太の　　自転車
my father's car
私の　父の　　車

答えは別冊5ページ
答え合わせが終わったら，音声に合わせて英文を音読しましょう。

1 適する形の代名詞を（ ）に書きましょう。

(1) 私のいちばん好きな教科は理科です。

（ ） favorite subject is science.
　　　　　 大好きな　　　　 教科　　　　　理科

(2) 私たちの理科の先生は佐藤先生です。

（ ） science teacher is Mr. Sato.

(3) あなたの英語はとてもじょうずです。

（ ） English is very good.
　　　　　　　　　　 とても

(4) 私の兄はテニスをします。これは彼のラケットです。

My brother plays tennis. This is （ ）
racket.
　ラケット

(5) 彼らはサッカーチームに入っています。彼らのチームは強いです。

They're on the soccer team. （ ） team is
strong.
　　チーム
　強い

(6) ミラーさんは日本語を話します。彼女のお母さんは日本人です。

Ms. Miller speaks Japanese. （ ） mother
is Japanese.
　　　　　　　　　　　　　日本語
　日本人（の）

(7) 由美と恵子は姉妹です。彼女たちのお父さんは医師です。

Yumi and Keiko are sisters. （ ） father is
a doctor.
　医師

I, you, he, she のように文の主語になるときの代名詞の形を「主格」といいます。これに
対して my, your, his, her のように「だれだれの」を表す形を「所有格」といいます。

15 （形容詞）情報をプラスすることば ①

「りんご」「ねこ」「花」「本」「車」「友達」…のように，物や人を表すことばを名詞というのでしたね。

「大きなりんご」「白いねこ」「美しい花」「おもしろい本」「新しい車」「よい友達」……のように，名詞に情報をプラスすることばを「形容詞（けいようし）」といいます。

名詞に形容詞をつけるときには，名詞のすぐ前におきます。

形容詞は，名詞の前だけで使うわけではありません。be動詞（ am, are, is ）のあとでも使います。

「英語の文には動詞が必要」ですので，× This book interesting. などと言うことはできません。イコールでつなぐ動詞である **be動詞** を忘れないようにしましょう。

基本練習

答えは別冊5ページ
答え合わせが終わったら，音声に合わせて英文を音読しましょう。

1 （　）内の語を並べかえて，英文を完成しましょう。

(1) 彼女は大きな犬を飼っています。　（ dog / has / big / a ）

She ＿＿＿＿＿＿＿＿＿＿＿＿＿＿＿＿＿．
　　大きい：big

(2) 私は新しいカメラがほしいです。　（ new / a / camera / want ）

I ＿＿＿＿＿＿＿＿＿＿＿＿＿＿＿＿＿．
　　新しい：new

(3) 彼は小さな家に住んでいます。　（ house / a / small ）

He lives in ＿＿＿＿＿＿＿＿＿＿＿＿＿．
　　小さい：small

(4) この質問は簡単です。　（ question / easy / is ）

This ＿＿＿＿＿＿＿＿＿＿＿＿＿＿＿＿＿．
　　質問：question　簡単な：easy

(5) 私にいい考えがあります。　（ a / have / idea / good ）

I ＿＿＿＿＿＿＿＿＿＿＿＿＿＿＿＿＿．
　　よい：good　考え：idea

(6) 私の父は古い車を持っています。　（ an / has / car / old ）

My father ＿＿＿＿＿＿＿＿＿＿＿＿＿．
　　古い：old

2 ふきだしの内容を英語で表しましょう。

見つけた動画を家族にすすめましょう。

この動画，おもしろいよ。

＿＿＿＿＿＿＿＿＿＿＿＿＿＿＿＿＿＿

＿＿＿＿＿＿＿＿＿＿＿＿＿＿＿＿＿＿
　　　　　　　動画：video　　おもしろい：interesting

形容詞は，① a big dog（大きな犬）のように名詞のすぐ前につける場合と，② This
dog is big.（この犬は大きい。）のように be 動詞のあとにくる場合があります。

16 副詞 情報をプラスすることば ②

「私は忙しい」は，英語では I'm busy. です。

「今私は忙しい」「今日私は忙しい」のようにもっとくわしく伝えたいときは，<u>now</u>（今）や <u>today</u>（今日）という語を文の最後にくっつければ OK です。

このように，文に意味をプラスすることばを「副詞」といいます。時・場所・ようすなど，いろいろな情報をつけ加えることができます。

「いつも」「ときどき」などを表す次の 4 つの副詞は，文の最後ではなく一般動詞の前に入れることが多いので注意しましょう。

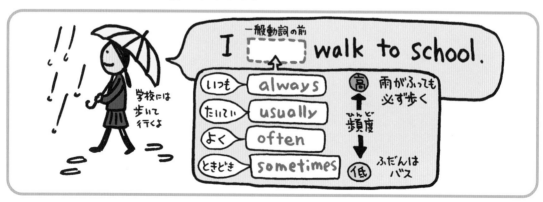

042

基本練習

答えは別冊5ページ
答え合わせが終わったら，音声に合わせて英文を音読しましょう。

1 次の語句を使って，英文に（　）内の情報をつけ加えて書きかえましょう。

> now　often　usually　here　hard
> well　sometimes　every day

（例）I'm busy.（＋今）

　　　I'm busy now.

(1) Kenta plays the piano.（＋じょうずに）

----

(2) I walk to school.（＋たいてい, ふつうは）

----

(3) Miki studies English.（＋熱心に）

----

(4) I watch TV.（＋毎日）

----

(5) Mr. Suzuki goes to Tokyo.（＋よく, しばしば）

----

(6) We play soccer.（＋ここで）

----

(7) I go to the library.（＋ときどき）

----

 always（いつも）, usually（たいてい）, often（よく）, sometimes（ときどき）はふつう，一般動詞の前に入れることに注意しましょう。

17 情報をプラスすることば ③

前置詞で始まる句

前回は, I play badminton <u>here</u>.（私は<u>ここで</u>バドミントンをします。）のように情報をプラスする言い方を学習しました。

here のかわりに **in the park** を使うと「**公園で**」という意味になります。
この <u>in</u> のように, 名詞（ここでは the park）の**前**に**置く**ことばを「**前置詞**」といいます。前置詞を使うと, いろいろな情報をつけ加えることができます。

基本的な前置詞を覚えておくと, 表現の幅が大きく広がります。

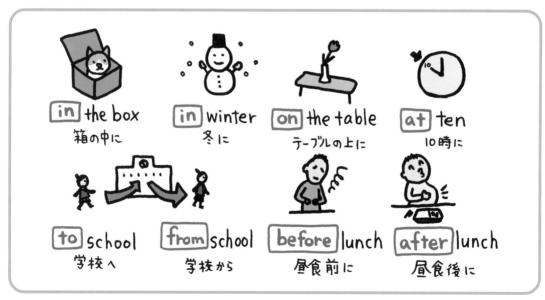

044

基本練習

答えは別冊6ページ
答え合わせが終わったら，音声に合わせて英文を音読しましょう。

1 適する前置詞を（　）に書きましょう。

(1) 私のおじは北海道に住んでいます。

My uncle lives（　　　　　）Hokkaido.
　　おじ

(2) あなたの本はテーブルの上にあります。

Your book is（　　　　）the table.
　　　　　　　　　　　　　　テーブル

(3) このバスはさくら駅に行きます。

This bus goes（　　　　）Sakura Station.
　　バス　　　　　　　　　　　　　　　駅

(4) 私は朝食前に顔を洗います。

I wash my face（　　　　）breakfast.
　洗う　　顔　　　　　　　　朝食

2 英文に（　）内の情報をつけ加えて書きかえましょう。

(1) I go to school.（ ＋ 兄と ）

兄：my brother

(2) He comes here.（ ＋ 10時に ）

----

(3) I have a camera.（ ＋ 私のかばんの中に ）

かばん：bag

(4) We play soccer.（ ＋ 放課後に ）

「放課後に」は「学校のあとで」と考えよう。

前置詞にはこのほかにも for（～のために，～の間），of（～の），under（～の下に），by（～のそばに），near（～の近くに）などがあります。少しずつ覚えましょう。

復習テスト③

答えは別冊16ページ

得点

／100点

3章 英文をつくる単語

1 次の（　）内から適するものを選び，○で囲みましょう。　【各5点 計20点】

(1) Ms. Smith lives（ in / on / to ）New York.
（スミスさんはニューヨークに住んでいます。）

(2) My mother watches TV（ before / after / from ）dinner.
（私の母は夕食後にテレビを見ます。）

(3) She plays the guitar（ well / good / hard ）.
（彼女はじょうずにギターを弾きます。）

(4) My brother（ well / very / often ）goes to the library.
（私の兄はよく図書館に行きます。）

2 次の（　）内の語を並べかえて，英文を完成しましょう。　【各5点 計20点】

(1) Mr. Suzuki（ red / a / car / has ）.

Mr. Suzuki _____ .
　　　　red：赤い

(2) This（ interesting / is / book ）.

This _____ .

(3) That（ boy / Kenta / tall / is ）.

That _____ .
　　　　「あの背の高い男の子は健太です」という文にする。

(4) She（ every / here / day / comes ）.

She _____ .

3

次の日本文を英語にしましょう。

【各10点 計60点】

(1) 私たちは放課後にテニスをします。

_____

(2) これが私たちの新しい家です。

家：house
_____

(3) 彼の質問は簡単です。

質問：question
_____

(4) 彼らの学校はとても小さい。

とても：very
_____

(5) 彼女は自分の部屋にコンピューターを持っています。

コンピューター：a computer　部屋：room
_____

(6) 私はたいてい久美（Kumi）と学校に行きます。

_____

 答え合わせが終わったら,
音声に合わせて英文を音読しましょう。

もっとくわしく

いろいろな形容詞

good（よい）	⇔ bad（悪い）	big, large（大きい）	⇔ small（小さい）
new（新しい）	⇔ old（古い）	young（若い）	⇔ old（年とった）
high（高い）	⇔ low（低い）	long（長い）	⇔ short（短い）
happy（幸せな）	⇔ sad（悲しい）	easy（簡単な）	⇔ difficult, hard（難しい）
same（同じ）	⇔ different（ちがった）	busy（忙しい）	⇔ free（ひまな）
warm（暖かい）	⇔ cool（すずしい）	hot（熱い・暑い）	⇔ cold（冷たい・寒い）
white（白い）	⇔ black（黒い）	right（正しい）	⇔ wrong（まちがった）

18 否定文のつくり方 ①

「私はおなかがすいていません。」「私はテレビを見ません。」のように否定する文を
「否定文」といいます。

英語では，be 動詞の文か一般動詞の文かによって，否定文のつくり方が大きくちがいます。今回は **be 動詞の文** について見てみましょう。

be 動詞の文は，be 動詞（ am，are，is ）のあとに 「〜でない」 という意味の
not を入れると否定文になります。

短縮形を使って I'm not hungry. / She's not a teacher. と言っても OK です。

また，is not → isn't，are not → aren't という短縮形もあるので，上の右側の
文は She isn't a teacher. と言うこともできます。

ただし am not には短縮形はありません。× I amn't hungry. と言うことはできないので注意しましょう。

答えは別冊6ページ
答え合わせが終わったら，音声に合わせて英文を音読しましょう。

1 否定文に書きかえましょう。

(例) She is a teacher.

→ **She isn't a teacher.**

(1) This is my bike.

_____

(2) I'm a good singer.

_____
a good singer：じょうずな歌い手，歌がじょうずな人

(3) My brother is a baseball fan.

_____
a baseball fan：野球ファン

(4) Aiko is a high school student.

_____
a high school student：高校生

(5) They are from Australia.

_____
Australia：オーストラリア

2 ふきだしの内容を英語で表しましょう。

「食べる？」とすすめられましたが…。

ありがとう，でもおなかすいてないんだ。

_____

_____
Thanks, but ～で始めましょう。　おなかがすいている：hungry

否定文に対して，否定ではない文を肯定文といいます。She is a teacher. が肯定文で，
She isn't a teacher. が否定文です。

19 否定文のつくり方 ②

一般動詞の否定文（主語が I，you のとき）

今回は，一般動詞の否定文について見てみましょう。一般動詞の否定文のつくり方は，be動詞の否定文とは大きくちがいます。

be動詞の文は，be動詞のあとに not を入れれば否定文になりましたね。

しかし一般動詞の文の場合には，×I play not tennis. のように動詞のあとに not を入れても否定文にはなりません。

一般動詞の否定文は，**動詞の前**に do not を入れます。（do not は，短縮形の don't がとてもよく使われます。）
be動詞の否定文とのちがいをしっかりとおさえましょう。

主語が **You** の場合と，主語が**複数**の場合にも同じように do not を使います。

主語が3人称単数のときの否定文は，少しちがう形になります。これについては次回，学習しましょう。

基本練習

答えは別冊6ページ
答え合わせが終わったら，音声に合わせて英文を音読しましょう。

1 否定文に書きかえましょう。

(例) I like dogs.
→ **I don't like dogs.**

(1) I play tennis.

_____

(2) I know his name.

_____
know：知っている　name：名前

(3) They use this room.

_____
use：使う　room：部屋

(4) We live here.

_____
live：住んでいる

(5) They speak Japanese.

_____
speak：話す　Japanese：日本語

2 ふきだしの内容を英語で表しましょう。

「アドレス交換しよう」と言われましたが…。

スマホ持ってないんだ。

_____

_____
スマホ（スマートフォン）：a smartphone

😊 ポイント do not は，短縮形の don't を使うのがふつうです。短縮形を使わずに do not と言うと，あえて強く否定しているように聞こえることがあります。

20 否定文のつくり方 ③

一般動詞の否定文は，動詞の前に do not（短縮形は don't）を入れるのでしたね。しかし主語が **3人称単数（He, She, Kenta など）** の場合だけ，ちがう形になります。

主語が3人称単数の場合には，do not ではなく <u>does not</u> を動詞の前に入れます。（短縮形は <u>doesn't</u>。）

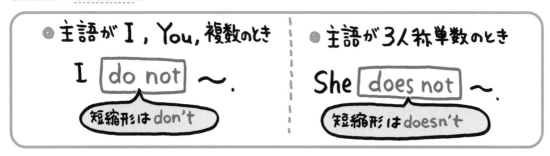

そのとき，ちょっと注意することがあります。

主語が3人称単数のとき，一般動詞は「s がついた形」になりましたね〈→ p.26〉。しかし否定文では，**does not** のあとの動詞は **s がつかない「そのままの形」** になります。（この形を「原形」といいます。）

一般動詞の否定文で大切なのは次の2点です。しっかりと確認しておきましょう。
① do not（短縮形 don't）と does not（短縮形 doesn't）を主語によって使い分ける
② 動詞は必ず，s がつかないそのままの形（原形）を使う

基本練習

答えは別冊6ページ
答え合わせが終わったら，音声に合わせて英文を音読しましょう。

1 否定文に書きかえましょう。

(例) She plays tennis. → **She doesn't play tennis.**

(1) Mike lives in Tokyo.

- -

(2) Takuya likes math.

- -

math：数学

(3) Ms. Suzuki has a smartphone.

- -

smartphone：スマートフォン

(4) My grandfather watches TV.

- -

grandfather：祖父

(5) Ms. Brown speaks Japanese.

- -

2 ふきだしの内容を英語で表しましょう。

「東駅に止まりますか？」と聞かれました。

> この電車は東駅（Higashi Station）には止まりません。

- -

- -

～に止まる：stop at ～

don't や doesn't のあとの動詞はいつも原形です。× She doesn't plays ～. などとしないようにしましょう。

21 isn't や don't の整理

be 動詞・一般動詞の否定文のまとめ

否定文のつくり方は，be 動詞（am, are, is）の文の場合と，一般動詞の文の場合とで異なります。もう一度確認しましょう。

be 動詞の否定文は，be 動詞（am, are, is）のあとに not を入れます。

一般動詞の否定文は，動詞の前に **do** not か **does** not を入れます。動詞はいつも**原形**を使うことに注意してください。

基本練習

 25

答えは別冊7ページ
答え合わせが終わったら，音声に合わせて英文を音読しましょう。

 1章

 2章

 3章

 4章 否定文のつくり方

1 [　　] から適する語を選び，（　　）に書きましょう。
be 動詞の文なのか，一般動詞の文なのかに注意しましょう。

(1) 私はテニスがじょうずではありません。

I （　　　　　　） not a good tennis player. [am / do]
プレーする人

(2) 私はコーヒーを飲みません。

I （　　　　　　） not drink coffee. [am / do]

(3) 私は高校生ではありません。

I （　　　　　　） not a high school student.

[am / do]

(4) 大樹はゴルフをしません。

Daiki （　　　　　） not play golf. [is / does]
ゴルフ

(5) 大樹は今，ここにはいません。

Daiki （　　　　　） not here now. [is / does]
ここに

 5章

 6章

 7章

 8章

 9章

 10章

2 [　　] から適する語を選び，（　　）に書きましょう。
主語による使い分けに注意しましょう。

(1) 私はあなたのおじさんを知りません。

I （　　　　　　） know your uncle. [don't / doesn't]
おじ

(2) 私の母は車を運転しません。

My mother （　　　　　　） drive a car.
運転する
[don't / doesn't]

(3) 彼らは日本語を話しません。

They （　　　　　） speak Japanese.

[don't / doesn't]

😊 一般動詞の否定文では don't か doesn't を使い，be 動詞は使いません。× I'm don't play 〜. や × He isn't play 〜. のようにしないように注意しましょう。

1 次の（　　）内から適するものを選び，○で囲みましょう。　【各5点　計25点】

(1) Emily （ isn't / don't / doesn't ） like coffee.

(2) I （ isn't / don't / am not ） live in Tokyo.

(3) My sister （ isn't / don't / doesn't ） a soccer fan.

(4) They （ aren't / don't / doesn't ） from Osaka.

(5) That （ isn't / don't / doesn't ） my house.

2 次の文を否定文に書きかえましょう。　【各5点　計25点】

(1) I'm busy now.

----

(2) I like science.

----
science：理科

(3) My grandmother watches TV.

----
grandmother：祖母

(4) Lucy speaks Japanese at home.

----
at home：家で，家では

(5) Kumi and I are in the same class.

----
the same：同じ　class：クラス

3

次の日本文を英語にしましょう。

【各10点 計50点】

(1) 私は彼女の名前を知りません。

知っている：know　名前：name

(2) 私の母は日曜日には朝食を作りません。

朝食を作る：make breakfast　日曜日には：on Sundays

(3) 私のおじは車を持っていません。

おじ：uncle　車：a car

(4) 佐藤先生（Mr. Sato）は国語の先生ではありません。

国語の先生：a Japanese teacher

(5) 今，彼らはここにはいません。

ここに：here　今：now

🎧26

→ 答え合わせが終わったら，
音声に合わせて英文を音読しましょう。

もっと くわしく

覚えておきたい動詞 ①

　これまでに出てきた一般動詞をまとめました。どれも基本的な動詞ですので，意味をしっかりと確認しておきましょう。

- □ play　（スポーツやゲームを）する，（楽器を）演奏する
- □ have　持っている，（きょうだいが）いる，食べる，（動物を）飼っている
- □ like　好む
- □ go　行く
- □ walk　歩く
- □ speak　話す
- □ study　勉強する
- □ eat　食べる
- □ live　住んでいる
- □ come　来る
- □ run　走る
- □ use　使う
- □ teach　教える
- □ drink　飲む
- □ know　知っている
- □ want　ほしがっている
- □ drive　運転する
- □ watch　（テレビなどを）見る
- □ make　作る
- □ wash　洗う

22 疑問文のつくり方 ①

be 動詞の疑問文

「あなたはおなかがすいています。」のようなふつうの文に対して，「あなたはおなかがすいていますか？」のように質問する文を**「疑問文」**といいます。

　英語では，疑問文になると，文の形（おもに語順）がふつうの文と変わります。また，文の最後はピリオド（．）ではなくクエスチョン・マーク（？）になります。

　疑問文のつくり方は，**be 動詞**の文か**一般動詞**の文かによって大きくちがいます。まずは be 動詞の疑問文から学習していきましょう。

be 動詞の疑問文は，be 動詞で文を始めます。
たとえば主語が you なら，Are で文を始めて **Are you 〜？** とします。

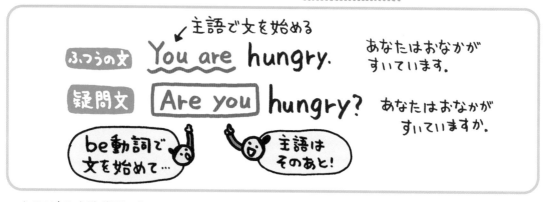

主語が**3人称単数**（he, she, this など）なら，**Is** で文を始めます。

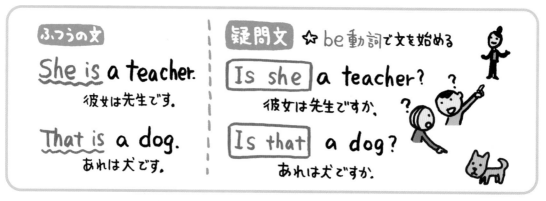

　あまり使われませんが，I am 〜．の疑問文もあります。Am で文を始めて Am I late? とすれば「私は遅刻ですか。」という意味になります。

基本練習

1 疑問文に書きかえましょう。

（例）　You are hungry．　→　**Are you hungry?**

(1)　That is a dog.

_____

(2)　This is your notebook.

_____

notebook：ノート

(3)　They're in the same class.

_____

the same：同じ　　class：クラス

(4)　She is a teacher.

_____

(5)　That is a hospital.

_____

hospital：病院

(6)　You are from China.

_____

China：中国

2 ふきだしの内容を英語で表しましょう。

友達に電話。話したいことがあるんだけど…。

今，忙しい？

_____

忙しい：busy　　今：right now

Yes（はい）/No（いいえ）で答えられる疑問文は，Are you hungry?（↗）のように最後を上げ調子で言うのが基本です。

23 Are you 〜？などへの答え方

be 動詞の疑問文は，be 動詞で文を始めて Are you 〜？や Is he 〜？の形にするのでしたね。これらに対しては，Yes（はい）か No（いいえ）で答えます。

Are you 〜？(あなたは〜ですか)には，<u>Yes, I am.</u> / <u>No, I am not.</u>（または短縮形を使った No, I'm not.）で答えます。

疑問文に Yes で答えるときには短縮形は使えません。× **Yes, I'm.** はまちがいです。

Is 〜？の疑問文には，主語によって 3 通りの答え方があります。

① 主語が**男性**なら，<u>he</u> を使って Yes, he is. / No, he is not. で答えます。（短縮形 No, he isn't. / No, he's not.）

② 主語が**女性**なら <u>she</u> を使います。（短縮形 No, she isn't. / No, she's not.）

③ 主語が**物**なら <u>it</u> を使います。（短縮形 No, it isn't. / No, it's not.）

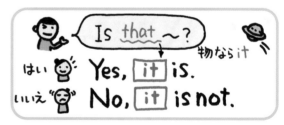

主語が**複数**のときは，人でも物でも <u>they</u>（彼ら・彼女ら・それら）を使って Yes, they are. / No, they are not. で答えます。（短縮形は No, they aren't. / No, they're not.）

1 次の質問に英語で答えましょう。① はい と答える場合と，② いいえ と
答える場合の両方を書いてみましょう。

（例） Are you Kenta?

① **Yes, I am.**　　　　② **No, I'm not.**

(1) Is Mr. Smith from Canada?

①_____

②_____
　　Mr.：～さん，～先生（男性の姓につける敬称）

(2) Is your sister in Japan?

①_____

②_____

(3) Are you a high school student?

①_____

②_____
　　high school：高校　　student：生徒

(4) Is this your notebook?

①_____

②_____

(5) Is that a station?

①_____

②_____
　　station：駅

(6) Are your parents busy?

①_____

②_____
　　parents：両親（複数）

答えの文では Mr. Smith ・he のように代名詞を使います。Yes/No のあとのコンマを
忘れないようにしましょう。

24 疑問文のつくり方 ②

一般動詞の疑問文（主語が you のとき）

前回までは，be 動詞の疑問文について学習しました。今回からは，play や like などの**一般動詞**の疑問文について見ていきましょう。

be 動詞の疑問文は，be 動詞で文を始めれば OK でしたね。しかし一般動詞の場合は，動詞で文を始めて× Like you cats? などとしても疑問文にはなりません。

一般動詞の場合，疑問文をつくるときには **Do** の助けを借ります。（do は否定文をつくるときにも出てきましたね。→ p.50）**Do** を，文の最初にポンとおくのです。

「あなたはねこが好きですか。」を，× Are you like cats? としてはダメですよ。like という動詞（一般動詞）を使うなら，Are という動詞（be 動詞）は使いません。

Do ～ ? の疑問文には，Yes か No で答えます。Yes の答えなら，do を使います。No の答えなら，do not を使います。短縮形は don't となります。

基本練習

 1章

 2章

 3章

 4章

 5章 疑問文のつくり方

 6章

 7章

 8章

 9章

10章

1 疑問文に書きかえましょう。

(1) You like soccer.

_____

(2) You live near here.

_____

near：～の近くに　here：ここ

(3) You have a cell phone.

_____

cell phone：携帯電話

2 英語にしましょう。

そのあとで，その質問に ①はい と ②いいえ で答えましょう。

（例）あなたはねこが好きですか。

Do you like cats?

→ ① **Yes, I do.**　　　② **No, I don't.**

(1) あなたは英語を話しますか。

_____

話す：speak

→ ① _____　② _____

(2) あなたは毎日テレビを見ますか。

_____

見る：watch　毎日：every day

→ ① _____　② _____

(3) あなたはピアノを弾きますか。

_____

ピアノ：the piano

→ ① _____　② _____

「あなたは～」とたずねる一般動詞の疑問文は Do you ～？ の形になります。Do のあとは，ふつうの文と同じ語順です。

063

25 疑問文のつくり方 ③

一般動詞の否定文をちょっと思い出してください〈→ p.52〉。主語によって do not と does not を使い分けましたね。疑問文も同じで，Do と Does を使い分けます。

主語が**3人称単数**の場合には，Do ではなく Does を使います。

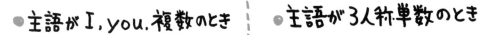

そのとき，注意しなければならないことがあります。

疑問文では，動詞は **s** がつかない「そのままの形」（原形）を使うということです。

一般動詞の疑問文で大切なことは，否定文と同じですね。つまり，

① Do と Does を使い分ける　② 動詞は必ず原形を使う　ということです。

Do 〜？には do で答えたように，Does 〜？には does で答えます。

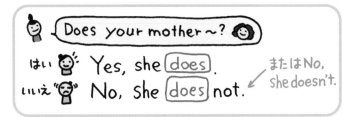

基本練習

1 疑問文に書きかえましょう。

(1) She plays tennis.

_____

(2) He lives in London.

_____

London：ロンドン

(3) Ms. Suzuki teaches science.

_____

science：理科

2 英語にしましょう。

そのあとで，その質問に ①はい と ②いいえ で答えましょう。

（例） 健太はねこが好きですか。

Does Kenta like cats?

→ ① **Yes, he does.** 　② **No, he doesn't.**

(1) ミラーさん（Ms. Miller）はスペイン語を話しますか。

_____

Ms.：〜さん，〜先生（女性の姓につける敬称）　スペイン語：Spanish

→ ①_____　②_____

(2) あなたのお母さんはピアノを弾きますか。

_____

→ ①_____　②_____

(3) あなたのお父さんは車を持っていますか。

_____

車：a car

→ ①_____　②_____

ポイント 一般動詞の疑問文では，主語によって Do と Does を使い分けますが，動詞はいつも原形を使います。Does she × plays 〜？などとしないようにしましょう。

26 Are you 〜？や Do you 〜？の整理

疑問文のつくり方は，**be 動詞**（am, are, is）の文の場合と，**一般動詞**の文の場合とで異なります。もう一度確認しましょう。

be 動詞の疑問文は，be 動詞（am, are, is）で文を始めます。

			答え方
Am	I		**Are you 〜？** → Yes, I am. / No, I'm not.
Are	you we they その他すべての複数の主語	〜？	**Is Kenta 〜？** → Yes, he is. / No, he isn't.
Is	he she it その他すべての単数の主語		**Is this 〜？** → Yes, it is. / No, it isn't. ・答えの文の主語は，I / he / she / it / we / they などの代名詞を使う。

一般動詞の疑問文は，文の最初に **Do** か **Does** をおきます。動詞はいつも原形を使うことに注意してください。

				答え方
Do	I you we they その他すべての複数の主語	play など， 動詞の原形	〜？	**Do you 〜？** → Yes, I do. / No, I don't.
Does	he she it その他すべての単数の主語			**Does Kenta 〜？** → Yes, he does. 　No, he doesn't. ・答えの文の主語は，I / he / she / it / we / they などの代名詞を使う。

基本練習

答えは別冊8ページ
答え合わせが終わったら，音声に合わせて英文を音読しましょう。

1 [　　]から適する語を選び，（　　）に書きましょう。
be動詞の文なのか，一般動詞の文なのかに注意しましょう。

(1) あなたはサッカーファンですか。

（　　　　　　）you a soccer fan?　　　[Are / Do]

(2) あなたはコーヒーが好きですか。

（　　　　　　）you like coffee?　　　[Are / Do]

(3) あなたは中学生ですか。

（　　　　　　）you a junior high school student?

[Are / Do]

(4) 大樹はゴルフをしますか。

（　　　　　　）Daiki play golf?　　　[Is / Does]

(5) 大樹は忙しいですか。

（　　　　　　）Daiki busy?　　　[Is / Does]

2 [　　]から適する語を選び，（　　）に書きましょう。
主語による使い分けに注意しましょう。

(1) あなたはブラウンさんを知っていますか。

（　　　　　　）you know Mr. Brown?　　[Do / Does]

(2) あなたのお母さんは車を運転しますか。

（　　　　　　）your mother drive a car?

[Do / Does]

(3) 彼らは日本語を話しますか。

（　　　　　　）they speak Japanese?　　[Do / Does]

be動詞とDo, Doesを使った疑問文のつくり方は，中学英語の基礎となる重要ポイントです。あやふやなところのないように，しっかりマスターしておきましょう。

復習テスト⑤

→ 答えは別冊17ページ

⑤章 疑問文のつくり方

1 次の（　）内から適するものを選び，○で囲みましょう。　【各5点　計20点】

(1) （ Is / Do / Does ） she a good singer?
　　　　　　　　　　　　歌い手

(2) （ Are / Do / Does ） you watch TV every day?

(3) （ Is / Do / Does ） that your room?

(4) （ Is / Do / Does ） your uncle live in Tokyo?
　　　　　　　　　　　　おじ

2 次の文を疑問文に書きかえましょう。　【各5点　計10点】

(1) She's busy today.

----

(2) Takuya likes science.

----

science：理科

3 次の質問に，（　）内の内容で答える英文を書きましょう。　【各5点　計20点】

(1) Is that your bike, Ken?　　　（はい）　-------------------------

(2) Do you walk to school, Emi?　（いいえ）　-------------------------

(3) Does Mr. Sato drive a car?　（はい）　-------------------------
　　drive：運転する　car：車

(4) Are they in the kitchen?　　（いいえ）　-------------------------
　　kitchen：台所

068

4

次の日本文を英語にしましょう。 【各10点 計50点】

(1) あなたは野球が好きですか。

野球：baseball

(2) 由香（Yuka）はピアノを弾きますか。

ピアノ：the piano

(3) あなたのお父さんは車を持っていますか。

車：a car

(4) 佐藤先生（Mr. Sato）は国語の先生ですか。

国語の先生：a Japanese teacher

(5) マイク（Mike）はオーストラリアの出身ですか。

オーストラリア：Australia

🎧32

→ 答え合わせが終わったら，
音声に合わせて英文を音読しましょう。

もっと💡くわしく

覚えておきたい動詞 ②

　中1のうちにぜひ覚えておきたい，基本的な一般動詞を集めました。急がずに，少しずつマスターしていきましょう。また，132ページに動詞の語形変化がまとめてありますので活用してください。

☐ get　手に入れる	☐ read　読む	☐ write　書く
☐ see　見える，会う	☐ hear　聞こえる	☐ talk　話す，しゃべる
☐ cook　料理する	☐ help　助ける，手伝う	☐ swim　泳ぐ
☐ open　開ける	☐ close　閉める	☐ leave　去る，出発する
☐ wait　待つ	☐ look　見る，目を向ける	☐ listen　聞く，耳をかたむける
☐ take　取る，（乗り物に）乗っていく，（時間が）かかる		

27 「〜できる」の can

今回は，「**〜できる**」という言い方について学習します。

「泳げる」「英語が話せる」などのように「**〜できる**」と言うときは，動詞の前に
can を入れます。

「**〜できない**」と言うときは，can のかわりに否定形の <u>cannot</u>（または短縮形
<u>can't</u>）を使えば OK です。

注意点は 2 つです。① can や cannot のあとには「**動詞**」がないと文が成立しません。また，② can や cannot のあとの動詞はいつも**原形**を使います。

070

基本練習

答えは別冊8ページ
答え合わせが終わったら，音声に合わせて英文を音読しましょう。

1 英語にしましょう。

(1) 私はピアノが弾けます。

ピアノ：the piano

(2) 大樹（Daiki）はギターが弾けません。

ギター：the guitar

(3) 彼は速く走れます。

走る：run　　速く：fast

(4) 彼女は日本語が読めません。

読む：read　　日本語：Japanese

(5) 彼らはじょうずにスキーができます。

スキーをする：ski（動詞）　　じょうずに：well

(6) 私の犬は泳ぐことができます。

泳ぐ：swim

2 ふきだしの内容を英語で表しましょう。

オンライン授業で先生の音声が聞こえません。

ごめんなさい，聞こえません。

Sorry, で始めましょう。聞こえる：hear

canとcan'tは発音が似ているので聞き取りにくいことがありますが，文の中でcanはふつう弱く発音され，can'tはふつう強く発音されます。

28 「～できますか」
can の疑問文

can を使って「～できますか」とたずねるときは，can で文を始めます。

たとえば，主語が you なら Can you ～？，主語が he なら Can he ～？ とします。

Can ～？ の疑問文には，ふつう Yes, ～ can. または No, ～ cannot.（短縮形は can't）の形で答えます。

can を使う文では，動詞はいつも**原形**を使うという点に注意してください。

基本練習

答えは別冊8ページ
答え合わせが終わったら，音声に合わせて英文を音読しましょう。

1 疑問文に書きかえましょう。

(1) You can play the piano.

------

(2) She can read Japanese.

------

read：読む　Japanese：日本語

2 英語にしましょう。

　そのあとで，その質問に ①はい と ②いいえ で答えましょう。

（例）　あなたは料理ができますか。

Can you cook?

→ ① **Yes, I can.**　　② **No, I can't.**

(1) 彼は泳げますか。

→ ① ------------　② ------------

(2) あなたのお姉さんは運転できますか。

あなたのお姉さん：your sister　運転する：drive

→ ① ------------　② ------------

(3) あなたはスキーができますか。

スキーをする：ski（動詞）

→ ① ------------　② ------------

(4) あなたには，私（の言うこと）が聞こえますか。

聞こえる，耳に入る：hear　私（を）：me

→ ① ------------　② ------------

 can を使った文では，動詞はいつも原形を使います。疑問文は〈Can＋主語＋動詞の原形
〜 ?〉の形になります。

29 Can I ～? / Can you ～? 「～してもいい？」「～してくれる？」

canの疑問文は、「～できますか」とたずねるとき以外にも、会話でよく使われます。

Can I ～? は、文字通りには「私は～できますか」とたずねる文ですが、「～してもいいですか」と許可を求めるときに使われます。

Can you ～? は、もともとは「あなたは～できますか」とたずねる文ですが、「～してくれますか」と何かを依頼するときにも使われます。

許可を求める Can I ～?（～してもいいですか）と、依頼の Can you ～?（～してくれますか）に「はい」と答えるときには、Yes, you can. や Yes, I can. ではなく Sure.（もちろん。）などの表現を使うのがふつうです。

基本練習

答えは別冊9ページ
答え合わせが終わったら，音声に合わせて英文を音読しましょう。

1 英語にしましょう。

(1) この電話を使ってもいいですか。

使う：use　　電話：phone

(2) ドアを開けてくれますか。

開ける：open　　ドア：the door

(3) 私を手伝ってくれませんか。

手伝う：help　私を：me

(4) この手紙を読んでもいいですか。

読む：read　　手紙：letter

(5) 窓を閉めてくれませんか。

閉める：close　　窓：the window

(6) あなたの辞書を使ってもいいですか。

辞書：dictionary

2 ふきだしの内容を英語で表しましょう。

機内が寒いので，乗務員さんに聞いてみましょう。

> 毛布をもらえますか？

もらう：have　毛布：a blanket

 Can I ～？の Can と I は，つなげて［キャナイ］のように発音されます。

章タブ: 1章　2章　3章　4章　5章　6章 can の文　7章　8章　9章　10章

→ 答えは別冊17ページ

得点

／100点

6章 can の文

1 次の（　）内から適するものを選び，○で囲みましょう。

【各5点　計20点】

(1) My sister can (play / plays) the piano.

(2) Can your father (drive / drives)?

(3) (Are / Does / Can) they swim?

(4) I (am not / can't / aren't) find my umbrella.
　　　　　　　　　　　　　　　　　見つける　　　　かさ

2 次の質問に対する答えの文として適するものを1つ選び，記号を○で囲みましょう。

【各5点　計20点】

(1) Can your brother ski?
　　ア　Yes, he can.　　　　　イ　Yes, he is.　　　　　ウ　Yes, I do.

(2) Can you open the door, please?
　　ア　Thank you.　　　　　イ　Sure.　　　　　ウ　Yes, please.

(3) Can I borrow your dictionary, Daiki?
　　ア　Yes, I can.　　　　　イ　Thanks.　　　　　ウ　Sure, go ahead.
　　borrow：～を借りる　　dictionary：辞書

(4) Can you help me with my homework?
　　ア　All right.　　　　　イ　No, you can't.　　　　　ウ　You're welcome.
　　help（人）with ～：（人）の～を手伝う　　homework：宿題

3

次の日本文を英語にしましょう。　　　　　　　【各10点　計60点】

(1)　田中さん（Ms. Tanaka）は3か国語を話せます。

3か国語：three languages

(2)　リサ（Lisa）はギターが弾けますか。

ギター：the guitar

(3)　あなたはこの単語が読めますか。

単語：word

(4)　私はあなたの質問に答えることができません。

答える：answer　　質問：question

(5)　あなたの自転車を使ってもいいですか。

自転車：bike

(6)　窓を閉めてくれますか。

閉める：close　　窓：the window

🎧36

→　答え合わせが終わったら，
音声に合わせて英文を音読しましょう。

💡 もっと くわしく

「〜していいよ」の can

can は「〜できる」の意味で可能・能力を表すほかに，You can 〜. の形で相手に OK を出すときにも使われます。
「〜していいですよ」という意味で，許可や提案を表します。
・You can use my umbrella.（私のかさを使っていいですよ。）
・You can ask me anything.（何でも私に聞いていいですよ。）
・You can call me anytime.（いつでも私に電話していいですよ。）

30 「何？」とたずねる文 ①

疑問文には，大きく分けて 2 つのタイプがあります。① **Yes / No** を聞き出すための疑問文と，② **具体的な情報**を聞き出すための疑問文です。これは日本語でも同じです。

左の人物は，あれが学校なのか学校でないのか，つまり①「Yes か No か」を知りたいだけです。それに対して右の人物は，②「何なのか」という具体的な情報を求めています。

これまで学習してきた疑問文は，実はすべて①のタイプのものでした。今回からは，②のタイプの疑問文を学習します。これをマスターすると，英語でいろいろなことが質問できるようになります。

まずは，「何？」とたずねる疑問文から学習していきます。
「何？」とたずねるときには <u>What</u> で文を始めます。「〜は何ですか」は，<u>What is 〜？</u>（短縮形は What's 〜？）でたずねます。

What is 〜？には，<u>It is 〜.</u>（短縮形 It's 〜.）の形で「それは〜です」と答えます。What's **this**？や What's **that**？と聞かれたときも，This is 〜. や That is 〜. ではなく **It is 〜.** で答えるのが基本です。

答えは別冊9ページ
答え合わせが終わったら，音声に合わせて英文を音読しましょう。

1 英語にしましょう。

(1) これは何ですか。

_____

(2) あれは何ですか。

_____

(3) あなたのお姉さんの名前は何ですか。

_____

お姉さん：sister　　名前：name

(4) あなたのいちばん好きなスポーツは何ですか。

_____

いちばん好きな：favorite　　スポーツ：sport

2 次の質問に英語で答えましょう。（　　）内の内容を答えてください。

(1) What's this?　（→携帯電話です。）

_____

携帯電話：a cell phone

(2) What's this?　（→ハムのサンドイッチです。）

_____

ハムのサンドイッチ：a ham sandwich

(3) What's that?　（→ホテルです。）

_____

ホテル：a hotel

What's は What is の短縮形です。× What's is ～ ？などとしないようにしましょう。

31 時刻・曜日をたずねる文

What time ～? / What day ～?

What には「何」のほかに**「何の～」**という意味もあります。

たとえば,「時間」という意味の time という語を使って **What time ～?** とすると,「何の時間」,つまり**「何時?」**とたずねることができます。

What time is it? で,**「(今) 何時ですか。」**という意味になります。この質問には,ふつう It is ～. の形で答えます。〈数の言い方→ p.130〉

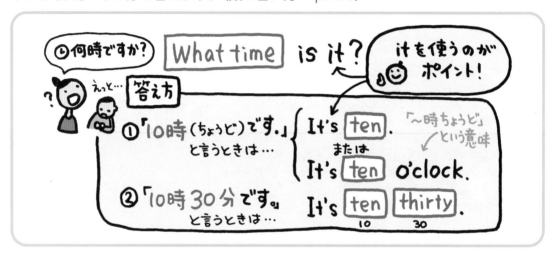

また,「日,曜日」という意味の day という語を使って **What day ～?** とすると,「何の曜日」つまり**「何曜日?」**とたずねることができます。

What day is it today? で**「今日は何曜日ですか。」**という意味です。この質問にも,ふつう It is ～. の形で答えます。〈曜日の言い方→ p.131〉

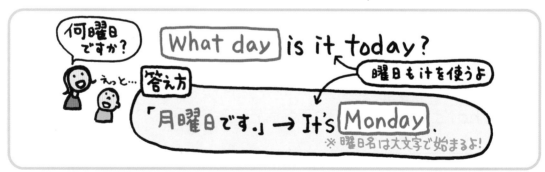

(時刻や曜日などを言う文では,主語として **it** が使われます。この場合の it は何か物をさしているわけではなく,「それ」と訳す必要はありません。)

答えは別冊9ページ
答え合わせが終わったら，音声に合わせて英文を音読しましょう。

1 英語にしましょう。

(1) 何時ですか。

_____

(2) 今日は何曜日ですか。

_____

今日は：today

2 次の質問に英語で答えましょう。①〜④のそれぞれの場合の答えを書いてみましょう。（p.130 〜 131 の「数の言い方」「曜日の言い方」を見てもかまいません。）

(1) What time is it?

① 5:00 _____

② 6:30 _____

③ 8:20 _____

④ 11:15 _____

(2) What day is it today?

① 日曜日 _____

② 月曜日 _____

③ 水曜日 _____

④ 土曜日 _____

時刻などの数と曜日の名前は，はじめは出てくるまでに時間がかかるかもしれません。口頭でもパッと言えるようになるまで慣れましょう。

32 What の疑問文（一般動詞） 「何？」とたずねる文 ②

前回までは，What <u>is</u> 〜？などの be 動詞の疑問文を学習しました。今回は，「何を持っていますか（have）」「何が<u>好きですか</u>（like）」などの一般動詞の疑問文を見てみましょう。**「What で文を始める」**ということと，do，does を使った**一般動詞の疑問文**のつくり方〈→ p.62，64〉を知っていれば簡単です。

はじめに，**「あなたは何を持っていますか」**という have の文で考えてみましょう。
まずは **What** で文を始めます。そのあとに，「あなたは持っていますか」という一般動詞の疑問文の形（<u>do you have?</u>）を続ければいいのです。

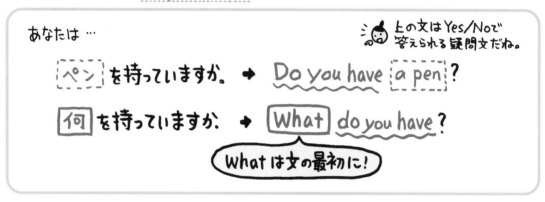

このように質問されたら，I have 〜. の形で答えれば OK です。

ではもうひとつ，**「あなたは何のスポーツが好きですか」**という like の文で確認です。
まずは What で文を始めます。「何のスポーツ」なので，<u>What sport</u> とします。そのあとに，「あなたは好きですか」という一般動詞の疑問文の形（<u>do you like?</u>）を続ければ完成です。

主語が 3 人称単数のときには，do ではなく does を使うことにも注意しましょう。

基本練習

1 英語にしましょう。

(1) あなたは朝食に何を食べますか。

_____ for breakfast?

食べる：have または eat

(2) あなたは日曜日には何をしますか。

_____ on Sundays?

する：do

(3) あなたのお父さんは日曜日には何をしますか。

_____ on Sundays?

(4) あなたは何の教科が好きですか。

_____

教科：subject

(5) 彼女は何のスポーツが好きですか。

_____

スポーツ：sport

2 ふきだしの内容を英語で表しましょう。

友達の荷物が気になるので聞いてみましょう。

> バッグの中に何を持ってるの？

_____

_____

バッグ：bag

 × <u>What</u> do you like <u>sport</u>? というまちがいが多いので注意しましょう。

右端のタブ：1章 2章 3章 4章 5章 6章 7章 いろいろな疑問文 8章 9章 10章

33 「だれ?」「どこ?」「いつ?」「どれ?」

「何?」とたずねるときは What で文を始めるのでしたね。
この What を「疑問詞」といいますが,疑問詞は What 以外にもいくつかあります。
覚えれば,英語でいろいろなことを質問できるようになりますよ。

疑問詞は,いつも**文の最初**におくのがルールです。覚えておいてください。

is を使わずに,一般動詞を使って質問することもできます。(前回学習した What と同じです。)

たとえば一般動詞 live を使って「あなたはどこに<u>住んでいますか</u>」と質問したい場合には,疑問詞 <u>Where</u>(どこ)で文を始めます。そのあとに「あなたは住んでいますか」という一般動詞の疑問文の形(do you live?)を続ければ OK です。

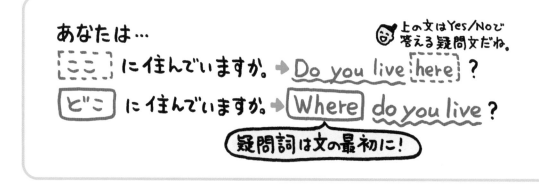

答えは別冊 10 ページ
答え合わせが終わったら，音声に合わせて英文を音読しましょう。

1 適する疑問詞を（　）に書きましょう。

(1) どちらが彼女のラケットですか。

（　　　　　　）is her racket?
ラケット

(2) 私のカメラはどこにありますか。

（　　　　　　）is my camera?

(3) あの男の子はだれですか。

（　　　　　　）is that boy?

(4) 学校祭はいつですか。

（　　　　　　）is the school festival?
祭り

2 英語にしましょう。

(1) ヘレン（Helen）とはだれですか。

-----

(2) どちらがあなたのノートですか。

ノート：notebook

(3) あなたはどこに住んでいますか。

住む：live

(4) あなたの誕生日はいつですか。

誕生日：birthday

Who is → Who's，Where is → Where's という短縮形も使われます。

34 How の疑問文 「どう？」とたずねる文

What，Who，Where，When，Which という疑問詞を学習しましたが，このほかにも **How** という大切な疑問詞があります。

How は，**「どう？」** と様子や感想をたずねるときに使います。
「〜はどうですか。」は，How is 〜？でたずねます。（短縮形は How's 〜？）

How are you?（お元気ですか。）という日常のあいさつがありますね。これは，文字通りには「あなた（の状態・調子）はどうですか」という意味の疑問文です。

「天気はどうですか」 とたずねるときにも How is 〜？が使えます。

「どうやって？」「どのように？」とたずねるときにも How を使います。

基本練習

答えは別冊 10 ページ
答え合わせが終わったら，音声に合わせて英文を音読しましょう。

1 英語にしましょう。

(1) あなたのお母さんはどうですか（お元気ですか）。

----

(2) 大阪の天気はどうですか。

_____ in Osaka?

天気：the weather

(3) あなたはどうやって学校に来ますか。

_____ to school?

2 次の質問に①〜③のそれぞれの場合の答えを書いてみましょう。

How's the weather in Tokyo?

① 日がさしている _____

② 雨 _____

③ くもり _____

3 ふきだしの内容を英語で表しましょう。

新商品を食べている友達に感想を聞いてみましょう。

> それ，どう？

----

it を使いましょう。

Howは「どう」という意味を基本として，幅広く使われる疑問詞です。まずは出てくる文をおぼえて，そのまま使えるようになりましょう。

復習テスト ⑦

→ 答えは別冊18ページ

7章 いろいろな疑問文

1

次の質問の答えとして適するものを右から選び，（　　）に記号を書きましょう。

【各5点　計30点】

(1) What do you usually do on Sundays?　　（　　）

(2) Where's my dictionary?　　（　　）
　　　　　　　辞書

(3) Who is Mr. Suzuki?　　（　　）

(4) What's that building?　　（　　）
　　　　　　　建物

(5) What do you have in your hand?　　（　　）
　　　　　　　　　　　　手

(6) How's your father?　　（　　）

> ア　It's on the desk.
> イ　I play baseball.
> ウ　He's a teacher.
> エ　He's fine.
> オ　I have a book.
> カ　It's a school.

2

次の（　　）内の語句を並べかえて，正しい英文にしましょう。

【各5点　計20点】

(1) (you / do / to / how / come / school)?

_____

(2) (you / sport / what / like / do)?

_____

(3) (weather / is / how / the / in Sapporo)?

_____

(4) (do / for breakfast / what / have / you)?

_____

for breakfast：朝食に

3 次の日本文を英語にしましょう。

【各10点 計50点】

(1) あなたの誕生日はいつですか。

誕生日：birthday

(2) あなたはどこに住んでいますか。

住んでいる：live

(3) どちらがあなたのかばんですか。

----

(4) 何時ですか。

----

(5) 今日は何曜日ですか。

今日は：today

→ 答え合わせが終わったら，
音声に合わせて英文を音読しましょう。

「だれのですか」とたずねる疑問文

「これはだれの〜ですか」とたずねるときには，Whose（だれの）という疑問詞を使います。
・Whose notebook is this?（これはだれのノートですか。）
　― It's mine.（私のです。）
　答えの文の mine は，1語で「私のもの」という意味を表す代名詞です。上の文では my notebook のかわりをしています。
　〈1語で「〜のもの」という意味を表す代名詞〉
　　☐ mine　私のもの　　　　☐ ours　私たちのもの　　　　☐ yours　あなたのもの，あなたたちのもの
　　☐ his　　彼のもの　　　　☐ hers　彼女のもの　　　　　☐ theirs　彼らのもの
　「健太のです」のように人名で答えるときは，It's Kenta's. のように「's」をつけた形にします。

35 名詞の複数形 「複数形」とは？

「本」「犬」「兄」「りんご」…のように，物や人の名前を表す語を **「名詞」** といいます。

日本語では，「1冊の<u>本</u>」でも「2冊の<u>本</u>」でも，「本」という名詞の形は同じです。ところが英語では，a <u>book</u> → two <u>books</u> のように，1つ（単数）のときと2つ以上（複数）のときとで名詞の形が変わります。

数が1つ（単数）のときには，ふつう，「1つの」という意味の **a** をつけます。母音（アイウエオに近い音）で始まる語の前では **a** のかわりに **an** をつけます。

ただし，「だれだれの」を表す my（私の）/ your（あなたの）/ Kenta's（健太の）や the をつける場合には，a / an をつけません。× my a cat，× a my cat などとは言いません。

数が2つ以上（複数）のときには，名詞に **s** をつけます。この形を **「複数形」** といいます。

two（2つの），three（3つの）や，some（いくつかの），a lot of（たくさんの），many（たくさんの）のあとの名詞は複数形にします。

答えは別冊10ページ
答え合わせが終わったら，音声に合わせて英文を音読しましょう。

1 [　　] 内の語を，必要があれば形を変えて（　　）に書きましょう。

(1) 私は犬を2ひき飼っています。

I have two（　　　　　）.　　　　　　　　[dog]

(2) 佐々木さんは数学の先生です。

Ms. Sasaki is a math（　　　　　）.　　[teacher]

(3) ハンバーガーを3つください。

Three（　　　　　　　）, please.　　　[hamburger]

(4) 彼女はたくさんの本を持っています。

She has many（　　　　）.　　　　　　　[book]

(5) 私は英語の歌を何曲か知っています。

I know some English（　　　　）.　　　　[song]

(6) 彼は日本に友達がたくさんいますか。

Does he have a lot of（　　　　　）in Japan?

[friend]

(7) 私には姉妹はひとりもいません。

I don't have any（　　　　　　）.　　　　[sister]

some（いくつかの〜），a lot of（たくさんの〜），many（たくさんの〜），any（〈否定文で〉1つも〜）のあとに数えられる名詞がくるときは複数形にします。

36 まちがえやすい複数形

数が２つ以上（複数）のときには，名詞に s をつけて「複数形」にするのでしたね。

大部分の名詞は，book → **books**，dog → **dogs** のようにそのまま s をつけるのですが，そうではない名詞が少しだけあります。

class（授業・クラス）は，s ではなく <u>es</u> をつけます。
box（箱）も，s ではなく es をつけます。

① es をつける名詞
class（授業・クラス）⇨ classes
box（箱）⇨ boxes

country（国）は，最後の <u>y を i に変えて es</u> をつけます。
city（都市）と family（家族）も同じです。

② y → ies にする名詞
country（国）⇨ countries
city（都市）⇨ cities
family（家族）⇨ families

（厳密に言えば，「s, x, ch, sh」で終わる名詞には es をつけ，「a, i, u, e, o 以外の文字＋y」で終わる名詞は y を i に変えて es をつけるという法則があります。しかし中１範囲では，まず上で紹介した名詞をしっかりと覚えておきましょう。）

man（男性），woman（女性），child（子ども）は <u>不規則に変化</u>します。

③ 不規則に変化する名詞
man（男性）⇨ men
woman（女性）⇨ women
child（子ども）⇨ children

また，そもそも複数形にしない名詞というのもあります。
たとえば water（水）のように，「どこからどこまでが１つ」という区切りがない液体などは，「１つ，２つ…」と数えることができません。このような **数えられない名詞** は複数形にしません。（「１つの」を表す a や an もつけません。）

1 次の名詞の複数形を書きましょう。

(1) city （都市）　　　　　　　　　　　　（　　　　　　　　　　　）

(2) box （箱）　　　　　　　　　　　　　（　　　　　　　　　　　）

(3) man （男性）　　　　　　　　　　　　（　　　　　　　　　　　）

(4) woman （女性）　　　　　　　　　　　（　　　　　　　　　　　）

(5) child （子ども）　　　　　　　　　　　（　　　　　　　　　　　）

(6) family （家族）　　　　　　　　　　　（　　　　　　　　　　　）

2 （　　　）内の語を，必要があれば形を変えて（　　）に書きましょう。

(1) 火曜日には授業が5時間あります。
We have five （　　　　　　　　　） on Tuesdays.（ class ）

(2) ジョーンズさんは毎年たくさんの国を訪れます。
Mr. Jones visits many （　　　　　　　　　） every year.
　　　　　　　　　訪れる　　　　　　　　　　　　　（ country ）

(3) 象はたくさんの水を飲みます。
Elephants drink a lot of （　　　　　）.　　（ water ）
　　　　　　象　　　飲む

water （水）のほかに，bread （パン），money （お金），homework （宿題）なども数
えられない名詞です。a をつけず，複数形にしません。

37 数をたずねる文

「どう？」「どうやって？」などとたずねるときには How を使うのでしたね。
How にはこのほかに，**「どのくらい〜？」** という意味もあります。

たとえば，「たくさんの，多数の」という意味の many を使って **How many 〜？**
とすると，「どのくらいたくさんの〜」つまり **「いくつの〜」** という意味になり，数を
たずねることができます。

How many のほかにも，How（どのくらい〜）と別の語とを組み合わせた疑問文
がいくつかあります。

基本練習

1 英文を完成しましょう。

(1) あなたは何びきの犬を飼っていますか。

_____ do you have?

(2) この橋はどのくらいの長さですか。

_____ is this bridge?
　　　　　　　　　　　　　　　　　　　　　　　　橋

(3) あなたは何歳ですか，美樹。

_____ are you, Miki?

(4) 彼の身長はどのくらいの高さですか。

_____ is he?

(5) これはいくら（どのくらいの値段）ですか。

_____ is this?

2 （　　）内の語を並べかえて，英文を完成しましょう。

(1) この映画はどのくらいの長さですか。
(how / movie / this / long / is)?

_____
映画：movie

(2) この建物はどれくらい古いのですか。
(building / old / is / this / how)?

_____
建物：building

(3) あなたは本を何冊持っていますか。
(many / you / books / how / do / have)?

_____

😊 ポイント How many のあとにくる名詞は複数形にします。

38 命令文「〜しなさい」

　英語の授業で先生が，Stand up.（立ちなさい。）とか，Sit down.（すわりなさい。）などと指示することがありますよね。このような文を**「命令文」**といいます。

　命令文のつくり方は簡単です。主語を使わずに，いきなり動詞で文を始めれば命令文になります。（英語の文には「主語」と「動詞」があるのが大原則ですが，命令文は主語がない特別な文なのです。）

　命令文が使われるのは，「命令」するときだけとは限りません。使われる場面や口調によって，感じは大きく変わります。

　please を使うと，命令の調子をやわらげることができます。please は「どうぞ（〜してください）」という意味です。

基本練習

 1章
 2章
 3章
 4章
 5章
 6章
7章

 8章 複数形・命令文など

 9章
 10章

1 適する語を選び，（　）に書きましょう。

| wash　use　open　wait　stand　write |

(1) 立ちなさい，拓也。

（　　　　　）up, Takuya.

(2) ドアを開けてください。

Please（　　　　　）the door.
　　　　　　　　　　　　ドア

(3) 手を洗いなさい，メアリー。

（　　　　　）your hands, Mary.
　　　　　　　　　　　手

(4) ここで待っていてください。

Please（　　　　　）here.

(5) 由香，私のえんぴつを使って。

Yuka,（　　　　　）my pencil.
　　　　　　　　　　　えんぴつ

(6) あなたの名前をここに書いてください。

Please（　　　　　）your name here.

2 ふきだしの内容を英語で表しましょう。

立っているお年寄りに席をゆずりましょう。

> ここに座ってください。

- -

- -

ここに：here

命令文は，Go straight.（まっすぐ行ってください。）のように道案内でも使われます。道案内の文では，ふつう please をつける必要はありません。

39 Don't ~. / Let's ~.
「～しないで」「～しましょう」

「～しなさい」「～してください」という命令文は，動詞で文を始めればいいのでしたね。

それとは反対に，**「～してはいけません」「～しないでください」** と言うときには，命令文の前に **Don't** をおけば OK です。

ふつうの命令文と同じように，**please** をつけて Please don't open the door. と言うこともできます。

「～しましょう」 と誘ったり，提案したりするときには **Let's** を使います。
Let's のあとには動詞を続けます。

Don't ～. と Let's ～. に共通する注意点が 1 つだけあります。それは，Don't ～. と Let's ～. のあとには必ず**動詞**がくる，ということです。動詞はいつも，s のつかない「そのままの形」（原形）を使うことも覚えておいてください。

47

基本練習

答えは別冊 11 ページ
答え合わせが終わったら，音声に合わせて英文を音読しましょう。

1 英語にしましょう。

(1) いっしょに歌いましょう。

- -

歌う：sing　　いっしょに：together

(2) 公園に行きましょう。

- -

公園：the park

(3) ここで泳いではいけません。

- -

泳ぐ：swim　　ここで：here

(4) 家に帰りましょう。

- -

家に帰る：go home

(5) その箱を開けてはいけません。

- -

開ける：open　　その箱：the box

(6) 放課後テニスをしましょう。

- -

放課後：after school

2 ふきだしの内容を英語で表しましょう。

不安になっている友達を元気づけましょう。

心配しないで。

- -

- -

心配する：worry

ポイント Don't ～. も Let's ～. も，あとに動詞がきます。× Let's tennis. などとしないように注意しましょう。

40 「私を」「彼を」など

代名詞（目的格）

人を表す**代名詞**には，次の２つの形があることを以前に学習しましたね。
　① **I** や **he**，**she** のように，文の主語として使われる形 〈→ p.36〉
　② **my** や **his**，**her** のように，「だれだれの〜」の意味で使われる形 〈→ p.38〉
今回は，もう１つの変化形を学習します。

代名詞は，「だれだれ**を**」「だれだれ**に**」の意味になるときは，次の形に変化します。

　前置詞のあとにくるときも，この形を使います。

人を表す代名詞の変化をまとめると，次のようになります。

〈単数〉

	〜は	〜の	〜を，〜に
私	I	my	me
あなた	you	your	you
彼	he	his	him
彼女	she	her	her
それ	it	its	it

〈複数〉

	〜は	〜の	〜を，〜に
私たち	we	our	us
あなたたち	you	your	you
彼ら	they	their	them
彼女ら			
それら			

48

基本練習

答えは別冊 11 ページ
答え合わせが終わったら，音声に合わせて英文を音読しましょう。

1 適する代名詞を（　）に書きましょう。

(1) あなたは彼を知っていますか。
Do you know（　　　　）?

(2) 私はあなたを愛しています。
I love（　　　　）.
　　愛する

(3) 私を見てください。
Please look at（　　　　）.
　　　　　見る

(4) 彼らを手伝おう。
Let's help（　　　　）.
　　　　手伝う

(5) 彼女（の言うこと）をよく聞いて。
Listen to（　　　　　）carefully.
　聞く　　　　　　　　　　　注意深く

(6) ブラウン先生はたいてい私たちといっしょにお昼を食べます。
Mr. Brown usually has lunch with（　　　　）.
　　　　　　　　　　　　　　　昼食

(7) どうか私に話しかけないで。
Please don't talk to（　　　　）.
　　　　　　　　話す

(8) 彼の写真は美しい。私はそれらをとても気に入っています。
His pictures are beautiful. I like（　　　　）a lot.
　　写真・絵　　　　　　　　　　　　　　　　　大いに

 me, him, them のように，「～を，～に」を表すときの代名詞の形を目的格といいます。

復習テスト 8

1 次の [ ] 内の語を，適する形に変えて（ ）に書きましょう。

【各5点 計30点】

(1) Please help (　　　　　).　　　　　　　　[we]

(2) That tall boy is Jim. Do you know (　　　　　)?　　[he]

(3) I have a dog and two (　　　　　).　　　　　[cat]

(4) I see some (　　　　　) over there.　　　　[child]
　　　　見える　　　　　　　　あそこに

(5) I don't have any (　　　　　).　　　　　　[brother]

(6) This song is popular in many (　　　　　).　　[country]
　　　　歌　　人気がある

2 次の質問の答えとして適するものを下から選び，（ ）に記号を書きましょう。

【各5点 計20点】

(1) How old is your brother?　　　　　　　　　　（　　　）

(2) How much is this?　　　　　　　　　　　　（　　　）

(3) How long is English class?　　　　　　　　　（　　　）

(4) How many cars does Mr. Sato have?　　　　　　（　　　）

ア It's 500 yen.　　　　イ It's forty minutes.
ウ He has two.　　　　エ He's eighteen years old.

3

次の日本文を英語にしましょう。　　　　　　　　　　　　【各10点　計50点】

(1) あなたはまんがを何冊持っていますか。

まんが：comic book

(2) 私は彼らをよく知っています。

よく：well

(3) 窓を開けないでください。

開ける：open　　窓：the window

(4) 彼女に電話しましょう。

電話する：call

(5) 彼女には姉妹が何人いますか。

→　答え合わせが終わったら,
音声に合わせて英文を音読しましょう。

もっと くわしく

be 動詞の命令文

　一般動詞の命令文は，Wash your hands.（手を洗いなさい。）のように動詞の原形で文を始めるのでしたね。
be 動詞の場合も同じく，動詞の原形で文を始めると命令文になります。be 動詞（am, are, is）の原形は be です。
・Be quiet.（静かにしなさい。）　　　　　　　　quiet：静かな（形容詞）
・Be careful.（気をつけて。）　　　　　　　　　careful：注意深い（形容詞）
be 動詞の命令文の否定形は，Don't be ～. の形になります。
・Don't be late.（遅れてはいけません。）　　　　late：遅れた，遅い（形容詞）
・Don't be shy.（はずかしがらないで。）　　　　shy：はずかしがりの（形容詞）

41 現在進行形の意味と形
「現在進行形」とは？

　「現在進行形」を学習する前に，これまでに学習した一般動詞の**「現在形」**の意味について確認しましょう。

　現在形の I study English.（私は英語を勉強します。）という文は，厳密には「私にはふだん，英語を勉強する習慣がある」ということを表す文です。「ちょうど今，勉強している最中です」という意味ではないことに注意してください。

　上の現在形の文はどちらも，「ふだん，くり返ししていること」を表しています。

　それに対して**「(今) ～しているところです」**のように，「ちょうど今，している最中」であることを表すのが現在進行形です。

　現在進行形の文では be 動詞（ am, are, is ）を使い，そのあとに動詞の ing 形（動詞の原形に ing をつけた形）を続けます。

基本練習

答えは別冊 12 ページ
答え合わせが終わったら，音声に合わせて英文を音読しましょう。

1 英語にしましょう。

(1) 健太（Kenta）はピアノを弾いているところです。

_____

ピアノ：the piano

(2) 彼女は本を読んでいます。

_____

読む：read　　本：a book

(3) 私は図書館で英語を勉強しているところです。

_____

勉強する：study　　図書館で：in the library

(4) 彼らは居間でテレビを見ています。

_____

見る：watch　　居間で：in the living room

(5) 私たちはバスを待っています。

_____

～を待つ：wait for ～　　バス：the bus

(6) 大樹（Daiki）と雄二（Yuji）はおしゃべりしています。

_____

おしゃべりする，話す：talk

2 ふきだしの内容を英語で表しましょう。

友達から電話。食事中だと伝えましょう。

> 今，晩ご飯を食べてるんだ。

_____

食べる：have または eat　　今：right now

現在進行形の文では be 動詞を使います。主語によって am, are, is を正しく使い分けましょう。

42 まちがえやすい ing 形

現在進行形の文は，be 動詞のあとに動詞の ing 形をおくのでしたね。

大部分の動詞の ing 形は，play → **playing**，study → **studying** のようにそのまま ing をつければよいのですが，そうではない動詞が少しだけあります。

write（書く）のように e で終わる動詞は，最後の e をとって ing をつけます。

> ①最後の e をとって ing
> write（書く）➡ writing
> make（作る）➡ making
> use（使う）➡ using
> have（食べる）➡ having

run（走る）は，**最後の 1 文字を重ねて** **running** とします。
sit（すわる）と swim（泳ぐ）も，最後の 1 文字を重ねます。

> ②最後の 1 文字を重ねて ing
> run（走る）➡ running
> sit（すわる）➡ sitting
> swim（泳ぐ）➡ swimming

（中 1 範囲の進行形の文ではあまり出てきませんが，ほかに get（手に入れる），begin（始まる），put（置く），cut（切る），stop（止まる）も最後の 1 文字を重ねて ing をつけます。）

また，そもそも**進行形にしない動詞**というのもあります。

like（好きである）や have（持っている），know（知っている），want（ほしがっている）は，「動き」ではなく「状態」を表す動詞なので，進行形にしません。

> 進行形にしない！
> 私は彼を知っています。
> ✕ I am knowing him.
> ○ I know him.
>
> 私はねこを飼っています。
> ✕ I am having a cat.
> ○ I have a cat.

ただし have にはいろいろな意味があり，I'm having lunch.（私は昼食を食べているところです。）のように「食べる」という動作を表すときには進行形にできます。

基本練習

答えは別冊 12 ページ
答え合わせが終わったら，音声に合わせて英文を音読しましょう。

1 次の動詞の ing 形を書きましょう。

(1) run （走る） （　　　　　　）

(2) write （書く） （　　　　　　）

(3) make （作る） （　　　　　　）

(4) sit （すわる） （　　　　　　）

(5) swim （泳ぐ） （　　　　　　）

(6) use （使う） （　　　　　　）

2 英語にしましょう。

(1) 私は彼を知っています。

知っている : know

(2) 私はねこを飼っています。

ねこ : a cat

(3) 彼は朝食を食べているところです。

朝食 : breakfast

 have は「持っている」「飼っている」という状態を表すときは進行形にしませんが，「食べる」などの動作を表すときは進行形にできます。

1章
2章
3章
4章
5章
6章
7章
8章
9章 現在進行形
10章

43 進行形の否定文・疑問文

現在進行形は be 動詞を使う文なので，否定文・疑問文のつくり方は，以前に学習した be 動詞の否定文〈→ p.48〉・疑問文〈→ p.58〉とまったく同じです。

否定文は，**be 動詞**（ am, are, is ）のあとに <u>not</u> を入れれば OK です。「(今)〜していません」という意味になります。

be 動詞で文を始めれば，「(今)〜していますか」という疑問文になります。
be 動詞の疑問文への答え方〈→ p.60〉と同じで，be 動詞を使って答えます。

以前に学習した，be 動詞の否定文・疑問文をマスターしていれば簡単ですね。

現在進行形は be 動詞を使う文なので，do や does は使いません。一般動詞の現在形の否定文・疑問文と混同しないように注意してください。

1 英語にしましょう。

(1) 私はテレビを見ているのではありません。

_____

(2) 彼らはおしゃべりしているのではありません。

_____

おしゃべりする，話す：talk

(3) 健太（Kenta）は勉強しているのではありません。

_____

2 英語にしましょう。
　そのあとで，その質問に ①はい と ②いいえ で答えましょう。

（例） 彼女は眠っているのですか。

　　Is she sleeping?

　→ ① **Yes, she is.** 　　　② **No, she isn't.**

(1) あなたはジョージ（George）を待っているのですか。

_____

～を待つ：wait for ～

　→ ①_____ ②_____

(2) 彼は走っていますか。

_____

走る：run

　→ ①_____ ②_____

(3) 大樹（Daiki）と美咲（Misaki）はテニスをしているのですか。

_____

　→ ①_____ ②_____

現在進行形の文は，be 動詞の文の一種と考えましょう。否定文・疑問文のつくり方や答え
方も be 動詞の文と同じです。

44 「何をしているのですか」

前回は，「Yes か No か」をたずねる現在進行形の疑問文を学習しました。今回は，「（今）何をしているのですか」とたずねる疑問文を学習します。

「あなたは何をしているのですか」は，**What are you doing?** とたずねます。（この doing は，「する」という意味の動詞 do の ing 形です。）
この質問には，今していることを現在進行形の文で具体的に答えます。

What are you doing?
何してんの？
I'm cooking.

What is she doing?
メールだってさ
She's writing an e-mail.

What are you <u>doing?</u> の **doing** のかわりにほかの動詞を使うこともできます。

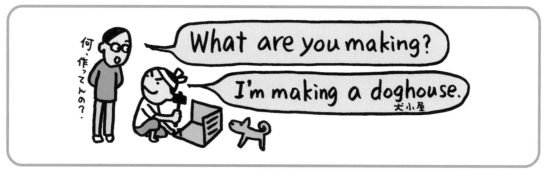

また，**Who is ～ing?** の形で，「だれが～していますか」とたずねることができます。これには Kenta is.（健太です。）のように答えることができます。

基本練習

答えは別冊 12 ページ
答え合わせが終わったら，音声に合わせて英文を音読しましょう。

1 英語にしましょう。

(1) あなたは何をしているのですか。

----

(2) 健太（Kenta）は何をしているのですか。

----

(3) 彼らは教室で何をしているのですか。

教室で：in the classroom

(4) 彼らは何を作っているのですか。

作る：make

(5) だれがギターを弾いているのですか。

ギターを弾く：play the guitar

2 次の質問に英語で答えましょう。（　　）内の内容を答えてください。

(1) **What are you doing?** （→ボブ（Bob）を待っています）

〜を待つ：wait for 〜

(2) **What is Ms. Suzuki doing?** （→メールを書いています）

書く：write　　メール：an e-mail

(3) **What is he making?** （→サンドイッチを作っています）

サンドイッチ：sandwiches

 What are you doing? に対しては，していることを具体的な動詞を使って答えます。

章タブ：1章　2章　3章　4章　5章　6章　7章　8章　9章 現在進行形　10章

111

復習テスト⑨

→答えは別冊19ページ

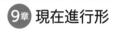

得点 ／100点

9章 現在進行形

1 次の（　）内から適するものを選び，○で囲みましょう。　　　　【各5点　計25点】

(1)（ Do / Are / Is ）you studying, Daiki?

(2)（ I know / I'm knowing ）Mr. Sato very well.
とても　よく

(3) He（ not / doesn't / isn't ）reading a book.

(4) Where's Miki? － She（ watches / is watching ）TV in her room.

(5)（ Do you have / Are you having ）a pen? － Yes. Here you are.
はい，どうぞ。

2 次の質問に，（　）内の内容で答える英文を書きましょう。　　　　【各5点　計25点】

(1) Is your brother studying in the library?　（→はい）

---
library：図書館

(2) What are you doing?　（→美咲(Misaki)と昼食を食べています）

食べる：have　　昼食：lunch

(3) What are they doing?　（→泳いでいます）

泳ぐ：swim

(4) What's Mr. Sato doing?　（→音楽を聞いています）

～を聞く：listen to ～　　音楽：music

(5) Who's playing the piano?　（→私の母です）

3

次の日本文を英語にしましょう。

【各 10 点　計 50 点】

(1)　私の母は台所で料理をしているところです。

・・

料理する：cook　　台所で：in the kitchen

(2)　あなたは手紙を書いているのですか。

・・

書く：write　　手紙：a letter

(3)　彼は校庭で走っています。

・・

走る：run　　校庭で：in the schoolyard

(4)　あなたは何をしているのですか。

・・

(5)　東京では雨が降っていますか。

・・

雨が降る（動詞）：rain

🎧 54

➡ 答え合わせが終わったら，
音声に合わせて英文を音読しましょう。

💡 もっとくわしく

動名詞

動詞の ing 形は，現在進行形で使われるほかに，「〜すること」という意味を表すこともあります。ing 形にすることによって動詞が名詞のような働きに変わるので，動名詞と呼ばれます。
・We enjoyed talking.（私たちは話すこと（おしゃべり）を楽しみました。）
・I like taking pictures.（私は写真を撮るのが好きです。）
・My sister likes listening to music.（私の姉［妹］は音楽を聞くのが好きです。）
・Making friends is easy.（友達を作ることは簡単です。）

45 「過去形」とは？

英語では，「きのう〜しました」のように過去のことを言うときには，動詞の形を**過去形**にします。

多くの動詞は，原形に **ed** をつけると過去形になります。

過去の「いつのことなのか」を表すには，次の語句がよく使われます。

- きのう ⇒ yesterday
- この前の〜，昨〜 ⇒ last〜
    - 昨夜 ⇒ last night
    - 先週 ⇒ last week
    - この前の日曜日 ⇒ last Sunday
- (今から)〜前に ⇒ 〜ago
    - 1時間前に ⇒ an hour ago
    - 5日前に ⇒ five days ago
    - 2年前に ⇒ two years ago

一般動詞の過去形は，現在形とちがって，主語が何であっても形は変化しません。

114

基 本 練 習

答えは別冊 13 ページ
答え合わせが終わったら，音声に合わせて英文を音読しましょう。

1 英語にしましょう。

(1) 私は昨夜，テレビを見ました。

─────────────────────────────

(2) 私はきのう，野球をしました。

─────────────────────────────

野球：baseball

(3) 10 年前に，彼は私たちを助けてくれました。

─────────────────────────────

助ける：help

(4) 美樹（**Miki**）は先週，彼女のおじさんを訪ねました。

─────────────────────────────

訪ねる：visit　　おじ：uncle

(5) 私はこの前の日曜日，ボブ（**Bob**）と話をしました。

─────────────────────────────

〜と話をする：talk with 〜

(6) 彼女はこの前の月曜日，学校まで歩きました。

─────────────────────────────

2 ふきだしの内容を英語で表しましょう。

休んでいる友達をみんな心配しています。

きのうの夜，彼に電話したんだ。

─────────────────────────────

電話する：call

yesterday（きのう），last night（昨夜），ten years ago（10 年前に）などの過去を
表す語句も使えるようになりましょう。

10章 過去の文

46 注意すべき過去形

過去のことを言うときには，動詞を過去形にするのでしたね。

　動詞の過去形は，基本的には play → **played**，watch → **watched** のように ed をつければよいのですが，そうではない動詞もたくさんあります。

　live（住んでいる）のように e で終わる動詞には，d だけをつけます。

> live （住んでいる）⇨ lived
> like （好きである）⇨ liked
> use （使う） ⇨ used

　study（勉強する）は，最後の y を i に変えて ed をつけ，**studied** となります。

（厳密に言えば，carry（運ぶ）や cry（泣く），try（試してみる）のように「a, i, u, e, o 以外の文字＋ y」で終わる動詞は，y を i に変えて ed をつけるという法則があります。）

　stop（止まる）は，最後の1文字を重ねて **stopped** とします。

　また，過去形が ~ed ではない形に変化する動詞もあります。これを**不規則動詞**といいます。

> ## ◌ おもな不規則動詞
>
> go （行く） ⇨ went　　see （見える）⇨ saw
> come （来る）⇨ came　　make （作る）⇨ made
> have （持っている）⇨ had　　read （読む）⇨ read
> 　　　　　　　　　　　　　リード　　　　　　レッド
> 　　　　　　　　　　　　　　　　　　　　発音だけが変わる
> get （手に入れる）⇨ got　　write （書く）⇨ wrote

　不規則動詞は，このほかにもいくつかあります。出てくるたびに，ひとつひとつ覚えるようにしましょう。

基本練習

答えは別冊 13 ページ
答え合わせが終わったら，音声に合わせて英文を音読しましょう。

1 次の動詞の過去形を書きましょう。

(1) have 　　（　　　　　　） (2) see 　　（　　　　　　）

(3) like 　　（　　　　　　） (4) write 　　（　　　　　　）

(5) use 　　（　　　　　　） (6) make 　　（　　　　　　）

(7) read 　　（　　　　　　） (8) stop 　　（　　　　　　）

2 英語にしましょう。

(1) 私は先週ハワイ（Hawaii）に行きました。

- -

(2) 私は昨夜，英語を勉強しました。

- -

(3) ジム（Jim）は2週間前に日本に来ました。

- -

(4) ジョーンズさん（Mr. Jones）は3年前，東京に住んでいました。

- -

(5) 彼女は今朝8時に起きました。

起きる：get up 　　今朝：this morning

よく使われる基本的な動詞には不規則動詞が多くあります。まず，左ページの8つは必ず覚えるようにしましょう。132ページの語形変化一覧表も活用してください。

1章
2章
3章
4章
5章
6章
7章
8章
9章
10章 過去の文

47 過去の否定文

過去の否定文は，動詞の前に **did not**（短縮形は **didn't**）を入れます。（**did** は，**do** や **does** の過去形です。）

did not のあとの動詞は原形（変化しないもとの形）を使います。

一般動詞の現在形の否定文は，**do not**（短縮形 **don't**）と **does not**（**doesn't**）を主語によって使い分けましたね〈→ p.50，52〉。しかし過去の否定文では，このような使い分けはありません。主語が何であっても，いつも **did not**（**didn't**）で OK です。

否定文で使う動詞は **「原形」** です。動詞を過去形にしてしまうまちがいが多いので注意してください。

118

答えは別冊 13 ページ
答え合わせが終わったら，音声に合わせて英文を音読しましょう。

1 否定文に書きかえましょう。

(1) He had a cell phone.

----

cell phone：携帯電話

(2) They used this room.

----

(3) I saw her at the party.

----

saw：see（見える・見かける・会う）の過去形

2 英語にしましょう。

(1) 私はきのう，学校に行きませんでした。

----

(2) 彼は昨夜，テレビを見ませんでした。

----

(3) マリア（Maria）はこの前の日曜日は練習に来ませんでした。

練習：practice（名詞）

過去の否定文では動詞は原形を使います。×I didn't went 〜. などとしないようにしましょう。did で過去を表しているので，動詞は原形のままで OK なのです。

119

48 過去の疑問文

一般動詞の過去の疑問文

過去のことについて「〜しましたか」とたずねる疑問文は，**Did** で文を始めます。疑問文では，動詞は原形を使います。

Did 〜? の疑問文には，ふつう **Yes, 〜 did.** または **No, 〜 did not.**（短縮形は didn't）で答えます。

現在の疑問文では，主語によって **Do** と **Does** を使い分けました。しかし過去の疑問文では，主語が何であっても **Did** で OK です。

疑問文で使う動詞は **「原形」** です。動詞を過去形にしてしまうまちがいが多いので注意してください。

基本練習

 58

答えは別冊 13 ページ
答え合わせが終わったら，音声に合わせて英文を音読しましょう。

 1章
 2章
 3章
 4章
 5章
 6章
 7章

1 疑問文に書きかえましょう。

(1) She played tennis yesterday.

----

(2) You wrote this letter.

----

letter：手紙

(3) They came to Japan last month.

----

2 英語にしましょう。

そのあとで，その質問に ①はい と ②いいえ で答えましょう。

（例）　あなたは昨夜，テレビを見ましたか。

Did you watch TV last night?

→ ①　**Yes, I did.**　　　②　**No, I didn't.**

(1) あなたのお母さんは今朝，朝食を食べましたか。

食べる：have　　朝食：breakfast
→ ①_____ ②_____

(2) あなたはコンサートを楽しみましたか。

楽しむ：enjoy　　コンサート：the concert
→ ①_____ ②_____

(3) あなたはこの前の土曜日，学校に行きましたか。

→ ①_____ ②_____

 10章 過去の文

過去の疑問文では動詞は原形を使います。× Did he had ～？ などとしないようにしましょう。did で過去を表しているので，動詞は原形で OK です。

 8章
 9章

49 「何をしましたか」

過去のことについて「何をしましたか」「何を食べましたか」のように具体的にたずねるときには，疑問詞 **What** で文を始め，**did you ～**，**did he ～** などを続けます。この質問には，過去形の文で具体的に答えます。

疑問詞は What 以外にもありましたね。

What のかわりに When（いつ），Where（どこで），What time（何時に），How（どのように）などの疑問詞を使うと，いろいろなことをたずねることができます。

122

基本練習

答えは別冊 14 ページ
答え合わせが終わったら，音声に合わせて英文を音読しましょう。

1 英語にしましょう。

(1) あなたはこの前の日曜日に何をしましたか。

_____

(2) あなたはいつ，彼を見たのですか。

_____

見える，見かける，会う：see

(3) あなたは今朝，何時に起きましたか。

_____

起きる：get up

(4) あなたはきのう，どこに行きましたか。

_____

(5) あなたはどうやってこのうで時計を手に入れたのですか。

_____

手に入れる：get　うで時計：watch

(6) あなたは朝食に何を食べましたか。

_____

食べる：have　朝食に：for breakfast

2 ふきだしの内容を英語で表しましょう。

ALT の先生に聞いてみましょう。

日本に来たのはいつですか？

_____
_____

What や How などの疑問詞のあとに，did you ～？ などの疑問文の形を続けます。動詞は原形を使うことに注意してください。

50 was と were

過去のことを言うときには，動詞を過去形にするのでしたね。

このルールは be 動詞の場合も，もちろん同じです。過去のことについて「〜でした」「〜にいました」のように言うときは，be 動詞の過去形を使います。

be 動詞の過去形は 2 つです。**am** と **is** の過去形は was，**are** の過去形は were です。

現在形				過去形		
I	am			I	was	
He, She, It など3人称単数	is	〜.		He, She, It など3人称単数	was	〜.
You	are			You	were	
We, They など複数	are			We, They など複数	were	

否定文と疑問文のつくり方は現在の文と同じです。be 動詞を過去形にすれば OK です。

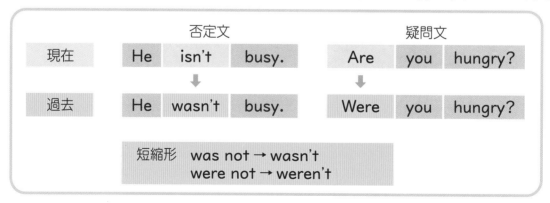

1 was, were のうち，適する形を（　）に書きましょう。

(1) 私はきのう，忙しかった。

I（　　　　　）busy yesterday.

(2) 彼はそのとき台所にいました。

He（　　　　　）in the kitchen then.

(3) 彼らはそのときとてもおなかがすいていました。

They（　　　　　）very hungry then.

(4) あなたは今朝，家にいましたか。

（　　　　　）you at home this morning?

2 英語にしましょう。
　　そのあとで，その質問に ①はい と ②いいえ で答えましょう。

（例）　晴れていましたか。

Was it sunny?

① **Yes, it was.**　　　　② **No, it wasn't.**

(1) 映画はおもしろかったですか。

映画：the movie　おもしろい：interesting

→ ①　　　　　　　　　　　　　　　②

(2) 彼らはそのとき学校にいましたか。

学校に：at school

→ ①　　　　　　　　　　　　　　　②

(3) あなたは疲れていましたか。

疲れている：tired

→ ①　　　　　　　　　　　　　　　②

be 動詞の過去の文は，疑問文・否定文も be 動詞の現在の文と同じ形で，be 動詞を過去形（was, were）にするだけです。

→答えは別冊19ページ

得点 ／100点

10章 過去の文

1 次の [ ] 内の動詞を過去形に変えて（ ）に入れましょう。【各5点 計35点】

(1) We ( ) to Okinawa last weekend.　　　　[go]
週末

(2) Ms. Johnson ( ) to Japan last month.　　[come]

(3) Mr. Kato ( ) in China ten years ago.　　[live]
中国

(4) It ( ) a lot last week.　　　　　　　[rain]
たくさん

(5) I really ( ) the movie.　　　　　　　[enjoy]
本当に　　　　　　映画

(6) We ( ) a very good time at the party.　[have]
パーティー

(7) I ( ) home late last night.　　　　　[get]
家に　遅く

2 次の質問に，（ ）内の内容で答える英文を書きましょう。【各5点 計15点】

(1) Did Mr. Suzuki come to the party?　（→はい）

----

(2) What did you do after school?　（→図書館で英語を勉強した）

図書館で：in the library

(3) What time did you get up this morning?　（→6時）

126

3 次の日本文を英語にしましょう。

【各 10 点　計 50 点】

(1)　私は今朝，忙しかった。

忙しい：busy

(2)　私はこの前の日曜日に母と買い物に行きました。

買い物に行く：go shopping

(3)　私は今朝，朝食をとりませんでした。

朝食：breakfast

(4)　あなたはこの前の週末，何をしましたか。

週末：weekend

(5)　あなたはそのとき，おなかがすいていましたか。

おなかがすいた：hungry

61

→　答え合わせが終わったら，
音声に合わせて英文を音読しましょう。

もっとくわしく

過去進行形

「（今）～しているところです」という意味を表す現在進行形に対して，「（そのとき）～をしているところでした」という意味を表す過去進行形という形があります。
　過去進行形は，be 動詞の過去形（was, were）のあとに動詞の ing 形を続けます。
・I was watching TV then.（私はそのときテレビを見ていました。）
・It was raining this morning.（今朝は雨が降っていました。）
・She was sleeping then.（彼女はそのとき眠っていました。）
・They were waiting for the bus.（彼らはバスを待っていました。）

いろいろな文型・表現

覚えておくべき文型・表現をまとめてチェックしましょう。一部は『中2英語をひとつひとつわかりやすく。』でも改めて学習しますが，それほど難しくありませんので，意味と使い方を知っておきましょう。

☺ want to ～

want to ～ で「～したい」，want to be ～ だと「～になりたい」という意味を表します。to のあとには動詞の原形がきます。

> I want to **eat pizza.**　　私はピザが食べたいです。
> I want to **be a singer.**　私は歌手になりたいです。

☺ need to ～, try to ～

need to ～ は「**～する必要がある**」，try to ～ は「**～しようとする**」という意味です。to のあとには動詞の原形がきます。

> We need to **help each other.**　私たちはお互いに助け合う必要があります。
> He tried to **open the door.**　彼はドアを開けようとしました。

☺ look, become

look ～ は「**～に見える**」，become ～ は「**～になる**」という意味です。look のあとには形容詞が，become のあとには名詞か形容詞がきます。

> She looks **happy.**　　　彼女は幸せそうに見えます。
> He became **a singer.**　彼は歌手になりました。

☺ There is ~.

There is ~. は「~があります」という意味です。複数のときは There are ~. になります。

> There is **a desk in the room.**　　　部屋に机が（1つ）あります。
> There are **two cats on the chair.**　　いすの上にねこが2ひきいます。

☺ Is there ~?

Is there ~? は「~がありますか」という意味です。複数のときは Are there ~? になります。

> Is there **a hospital near here?**　　　この近くに病院はありますか。
> — Yes, there is.　　　　　　　　　　—はい，あります。
> — No, there isn't.　　　　　　　　　—いいえ，ありません。
> Are there **any comics in the library?**　図書館にまんがはありますか。
> — Yes, there are.　　　　　　　　　—はい，あります。
> — No, there aren't.　　　　　　　　—いいえ，ありません。

☺ How ~!, What ~!

〈How＋形容詞!〉で「なんて~でしょう!」，〈What（a）形容詞＋名詞!〉で「なんて~な…でしょう!」という意味です。感嘆文といい，驚きを表します。文の最後にはエクスクラメーション・マーク(!)をつけます。

> How **beautiful!**　　　　　　　　なんて美しいのでしょう!
> What a **beautiful picture!**　　　なんて美しい写真でしょう!

数の言い方

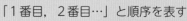

基数 「1つ，2つ…」と個数を表す	
1	one
2	two
3	three
4	four
5	five
6	six
7	seven
8	eight
9	nine
10	ten
11	eleven
12	twelve
13	thirteen
14	fourteen
15	fifteen
16	sixteen
17	seventeen
18	eighteen
19	nineteen
20	twenty
21	twenty-one
30	thirty
40	forty
50	fifty
60	sixty
70	seventy
80	eighty
90	ninety
100	one hundred
1,000	one thousand

序数 「1番目，2番目…」と順序を表す	
1番目	first
2番目	second
3番目	third
4番目	fourth
5番目	fifth
6番目	sixth
7番目	seventh
8番目	eighth
9番目	ninth
10番目	tenth
11番目	eleventh
12番目	twelfth
13番目	thirteenth
14番目	fourteenth
15番目	fifteenth
16番目	sixteenth
17番目	seventeenth
18番目	eighteenth
19番目	nineteenth
20番目	twentieth
21番目	twenty-first
30番目	thirtieth
40番目	fortieth
50番目	fiftieth
60番目	sixtieth
70番目	seventieth
80番目	eightieth
90番目	ninetieth
100番目	one hundredth
1,000番目	one thousandth

● 21 以降は，10 の位の数（ twenty 〜 ninety ）と 1 の位の数（ one 〜 nine ）をハイフン（ - ）でつないで表します。

- ・21 → twenty-one　　・22 → twenty-two　　・23 → twenty-three
- ・24 → twenty-four　　・25 → twenty-five
- ・31 → thirty-one　　・45 → forty-five　　・99 → ninety-nine

● 100 の位は hundred を使います。（hundred のあとの and は，あってもなくてもかまいません。）

- ・101 → one hundred (and) one　　・115 → one hundred (and) fifteen
- ・120 → one hundred (and) twenty　・198 → one hundred (and) ninety-eight
- ・250 → two hundred (and) fifty　・543 → five hundred (and) forty-three

● 1,000 の位は thousand を使います。

- ・1,000 → one thousand　　・1,200 → one thousand two hundred
- ・2,000 → two thousand　　・2,012 → two thousand twelve
- ・2,940 → two thousand nine hundred (and) forty
- ・10,000 → ten thousand　　・20,000 → twenty thousand
- ・100,000 → one hundred thousand

曜日の言い方

日曜日	Sunday
月曜日	Monday
火曜日	Tuesday
水曜日	Wednesday
木曜日	Thursday
金曜日	Friday
土曜日	Saturday

月の言い方

1 月	January
2 月	February
3 月	March
4 月	April
5 月	May
6 月	June
7 月	July
8 月	August
9 月	September
10 月	October
11 月	November
12 月	December

● 曜日名と月名の最初の文字は，いつも大文字で書きます。

● 「○月○日」は，ふつう May 1 （5月1日）のように書きます。日付は，1 のように書かれていても first のように序数で読みます。（日付の序数の前に the をつける場合もあります。）

- ・1 月 15 日 → January 15 （ January fifteenth と読む ）
- ・6 月 23 日 → June 23 （ June twenty-third と読む ）
- ・10 月 5 日 → October 5 （ October fifth と読む ）

動詞の語形変化一覧表

重要動詞の意味と変化形を確認しましょう。★印が不規則動詞です（不規則な変化形は赤字になっています）。規則変化で，つづりに特に注意すべき変化形は**太字**になっています。

🎧 66

音声は不規則動詞（★印）のみが収録されています。
不規則動詞の過去形の発音を音声で確認しましょう。
（原形－過去形の順で読まれます。）

基本の変化… s をつける

ed をつける（e で終わる語には d だけをつける）

ing をつける（e で終わる語は e をとって ing）

原形	意味	3単現	過去形	ing形
agree	同意する	agrees	agreed	**agreeing** e をとらずに ing
answer	答える	answers	answered	answering
arrive	到着する	arrives	arrived	arriving
ask	尋ねる	asks	asked	asking
★be	(be動詞)	is	was, were	being
★become	～になる	becomes	became	becoming
★begin	始まる	begins	began	**beginning** n を重ねる
borrow	借りる	borrows	borrowed	borrowing
★break	こわす	breaks	broke	breaking
★bring	持ってくる	brings	brought	bringing
★build	建てる	builds	built	building
★buy	買う	buys	bought	buying
call	呼ぶ，電話する	calls	called	calling
carry	運ぶ	**carries** y を i にかえて es	**carried** y を i にかえて ed	carrying
★catch	つかまえる	**catches** es をつける	caught	catching
change	変える	changes	changed	changing
★choose	選ぶ	chooses	chose	choosing
clean	そうじする	cleans	cleaned	cleaning
close	閉じる	closes	closed	closing
★come	来る	comes	came	coming
cook	料理する	cooks	cooked	cooking
cry	泣く，さけぶ	**cries** y を i にかえて es	**cried** y を i にかえて ed	crying
★cut	切る	cuts	cut	**cutting** t を重ねる
decide	決める	decides	decided	deciding
die	死ぬ	dies	died	**dying** ie を y にかえて ing
★do	する	**does** es をつける	did	doing

原形	意味	3単現	過去形	ing形
★draw	（絵を）描く	draws	drew	drawing
★drink	飲む	drinks	drank	drinking
★drive	運転する	drives	drove	driving
★eat	食べる	eats	ate	eating
enjoy	楽しむ	enjoys	enjoyed	enjoying
explain	説明する	explains	explained	explaining
★fall	落ちる	falls	fell	falling
★feel	感じる	feels	felt	feeling
★find	見つける	finds	found	finding
finish	終える	**finishes** es をつける	finished	finishing
★fly	飛ぶ	**flies** y を i にかえて es	flew	flying
★forget	忘れる	forgets	forgot	**forgetting** t を重ねる
★get	手に入れる	gets	got	**getting** t を重ねる
★give	与える	gives	gave	giving
★go	行く	**goes** es をつける	went	going
★grow	成長する	grows	grew	growing
happen	起こる	happens	happened	happening
★have	持っている	has	had	having
★hear	聞こえる	hears	heard	hearing
help	助ける，手伝う	helps	helped	helping
★hit	打つ	hits	hit	**hitting** t を重ねる
★hold	持つ，開催する	holds	held	holding
hope	望む	hopes	hoped	hoping
hurry	急ぐ	**hurries** y を i にかえて es	**hurried** y を i にかえて ed	hurrying
introduce	紹介する	introduces	introduced	introducing
invent	発明する	invents	invented	inventing
invite	招待する	invites	invited	inviting
join	参加する	joins	joined	joining
jump	ジャンプする	jumps	jumped	jumping
★keep	保つ	keeps	kept	keeping
kill	殺す	kills	killed	killing
★know	知っている	knows	knew	knowing
learn	習う，覚える	learns	learned	learning
★leave	去る，出発する	leaves	left	leaving

原形	意味	3単現	過去形	ing形
like	好きである	likes	liked	liking
listen	聞く	listens	listened	listening
live	住む	lives	lived	living
look	見る，〜に見える	looks	looked	looking
★lose	失う，負ける	loses	lost	losing
love	愛する	loves	loved	loving
★make	作る	makes	made	making
★mean	意味する	means	meant	meaning
★meet	会う	meets	met	meeting
miss	のがす	**misses** es をつける	missed	missing
move	動かす	moves	moved	moving
name	名づける	names	named	naming
need	必要とする	needs	needed	needing
open	開ける	opens	opened	opening
paint	（絵の具で）描く	paints	painted	painting
plan	計画する	plans	**planned** n を重ねる	**planning** n を重ねる
play	（スポーツを）する	plays	played	playing
practice	練習する	practices	practiced	practicing
★put	置く	puts	put	**putting** t を重ねる
★read	読む	reads	read	reading
receive	受け取る	receives	received	receiving
remember	覚えている	remembers	remembered	remembering
return	帰る	returns	returned	returning
★run	走る	runs	ran	**running** n を重ねる
save	救う	saves	saved	saving
★say	言う	says	said	saying
★see	見える，会う	sees	saw	seeing
★sell	売る	sells	sold	selling
★send	送る	sends	sent	sending
★show	見せる	shows	showed	showing
★sing	歌う	sings	sang	singing
★sit	すわる	sits	sat	**sitting** t を重ねる
ski	スキーをする	skis	skied	skiing
★sleep	眠る	sleeps	slept	sleeping

原形	意味	3単現	過去形	ing形
smell	～のにおいがする	smells	smelled	smelling
sound	～に聞こえる	sounds	sounded	sounding
★speak	話す	speaks	spoke	speaking
★spend	過ごす	spends	spent	spending
★stand	立つ	stands	stood	standing
start	始める	starts	started	starting
stay	滞在する	stays	stayed	staying
stop	止める	stops	**stopped** pを重ねる	**stopping** pを重ねる
study	勉強する	**studies** yをiにかえてes	**studied** yをiにかえてed	studying
★swim	泳ぐ	swims	swam	**swimming** mを重ねる
★take	取る	takes	took	taking
talk	話す，しゃべる	talks	talked	talking
taste	～の味がする	tastes	tasted	tasting
★teach	教える	**teaches** esをつける	taught	teaching
★tell	伝える，言う	tells	told	telling
★think	思う，考える	thinks	thought	thinking
touch	さわる	**touches** esをつける	touched	touching
try	やってみる	**tries** yをiにかえてes	**tried** yをiにかえてed	trying
turn	曲がる	turns	turned	turning
★understand	理解する	understands	understood	understanding
use	使う	uses	used	using
visit	訪問する	visits	visited	visiting
wait	待つ	waits	waited	waiting
walk	歩く	walks	walked	walking
want	ほしがる	wants	wanted	wanting
wash	洗う	**washes** esをつける	washed	washing
watch	見る	**watches** esをつける	watched	watching
★wear	着ている	wears	wore	wearing
★win	勝つ	wins	won	**winning** nを重ねる
wish	願う	**wishes** esをつける	wished	wishing
work	働く	works	worked	working
worry	心配する	**worries** yをiにかえてes	**worried** yをiにかえてed	worrying
★write	書く	writes	wrote	writing

監修　**山田暢彦**

NOBU English 主宰。アメリカ出身の日英バイリンガルとして、英語を習い始めた小学生から
ビジネスパーソン、英語講師、アクティブシニアまで、幅広い受講者に「世界に通用する英
語」を指導。学校英語と実用英会話の融合を目指す独自の指導は、教育界・出版界からも
高い評価を得ており、これまでベストセラーを含む30冊以上の書籍を手がける。また、近年
はオンライン英語教育の先駆者の一人として、映像授業やオンラインサロン、SNSの運営に
も力を入れている。「一人でも多くの人に、英語のある人生を楽しんでほしい。」を信条に日々
活動している。TOEIC®連続満点、国連英検特A級、英検®1級。nobu-english.jp

中1英語をひとつひとつわかりやすく。 改訂版

本書は，個人の特性にかかわらず，内容が伝わりやすい配色・デザインに配慮し，
メディア・ユニバーサル・デザインの認証を受けました。

MUD
P10406

監修
山田暢彦

編集協力
㈱エデュデザイン

イラスト（カバー・シール・本文）
坂木浩子

ブックデザイン
山口秀昭（Studio Flavor）

メディア・ユニバーサル・デザイン監修
NPO法人メディア・ユニバーサル・デザイン協会　伊藤裕道

DTP
㈱四国写研

CD録音
㈶英語教育協議会（ELEC）

ナレーション
Howard Colefield,　Karen Haedrich,　水月優希

© Gakken

中1英語を
ひとつひとつわかりやすく。
[改訂版]

 解答と解説

 軽くのりづけされているので，
外して使いましょう。

英語の答え合わせについて

☺ 正解が何通りかある場合，[ ]内に別の答え方を示していることがあります。ただし，音声は最初に示した答え方のみで読まれています。

☺ 本書では多くの場合，I'm や isn't などの「短縮形」を使って答えを示していますが，<u>短縮しない形で答えても，もちろん正解です。</u>

〈短縮形〉		〈短縮しない形〉	〈短縮形〉		〈短縮しない形〉	〈短縮形〉		〈短縮しない形〉
I'm	→	I am	that's	→	that is	don't	→	do not
you're	→	you are	what's	→	what is	doesn't	→	does not
we're	→	we are	how's	→	how is	can't	→	cannot
they're	→	they are	who's	→	who is	didn't	→	did not
he's	→	he is				wasn't	→	was not
she's	→	she is	isn't	→	is not	weren't	→	were not
it's	→	it is	aren't	→	are not			

Gakken

01 「主語」と「動詞」とは？

1 主語をさがして，〇で囲みましょう。

(例) 〇I play tennis. （私はテニスをします。）
私は　する　テニス

(1) 〇You run fast. （あなたは速く走ります。）
あなたは　走る　速く

(2) 〇Kenta likes baseball. （健太は野球が好きです。）
健太は　好む　野球

(3) 〇We speak Japanese. （私たちは日本語を話します。）
私たちは　話す　日本語

2 動詞をさがして，〇で囲みましょう。

(例) I 〇play tennis. （私はテニスをします。）
私は　する　テニス

(1) You 〇eat a lot. （あなたはたくさん食べます。）
あなたは　食べる　たくさん

(2) I 〇have a bike. （私は自転車を持っています。）
私は　持っている　自転車

(3) We 〇walk to school. （私たちは学校まで歩きます。）
私たちは　歩く　〜へ　学校

(4) I 〇like music. （私は音楽が好きです。）
私は　好む　音楽

注意 **1** 「〜は」「〜が」を表すのが主語です。
2 「食べる」「持っている」「歩く」など，「動き」を表すのが動詞です。

---

02 「be動詞」とは？

1 be動詞を〇で囲み，be動詞以外の動詞を□で囲みましょう。
be動詞は，前後の語をイコールでつなぐ働きをしていることに注意してください。

(例) I 〇am Judy. （私はジュディーです。）

I □play tennis. （私はテニスをします。）

(1) I 〇am busy. （私は忙しい。）
忙しい

(2) I □speak English. （私は英語を話します。）
英語

(3) You 〇are kind. （あなたは親切です。）
親切な

(4) Miki 〇is a singer. （美樹は歌手です。）
歌手

(5) My name 〇is Takuya. （私の名前は拓也です。）
私の　名前

(6) His house 〇is big. （彼の家は大きい。）
彼の　家　大きい

(7) I □watch TV every day. （私は毎日テレビを見ます。）
見る　テレビ　毎日

(8) Kenta 〇is in the kitchen. （健太は台所にいます。）
〜の中に　台所

注意 am, are, isがbe動詞です。前後をイコールでつなぐ働きをしています。

---

03 am, are, isの使い分け ①

1 英語にしましょう。①短縮形を使わない形と，②短縮形（I'm / you're）を使った形の両方で書いてみましょう。

(例) 私は美樹です。
① I am Miki.　　　② I'm Miki.

(1) 私は忙しい。
① I am busy.
② I'm busy.
忙しい：busy

(2) あなたは背が高い。
① You are tall.
② You're tall.
背が高い：tall

(3) 私は13歳です。
① I am thirteen (years old).
② I'm thirteen (years old).
13歳：thirteen

(4) あなたは遅刻です。
① You are late.
② You're late.
遅刻：late

> イラスト問題の答えは，すべて一例です。いろいろな言い方がありえます。

2 絵の人物に言うつもりで，ふきだしの内容を英語で表しましょう。

ピアノがじょうずな友達に声をかけます。

じょうずだね！

You're good! ←
you を主語にしましょう。　じょうず：good

注意 **2** 短縮形を使ってYou'reとしても，使わずにYou areとしても，どちらでもかまいません。

---

04 am, are, isの使い分け ②

1 am, are, isのうち，適する形を（　）に書きましょう。

(1) 健太は背が高い。
Kenta (is) tall.

(2) あの家は大きい。
That house (is) big.

(3) 私は大阪の出身です。
I (am) from Osaka.

(4) あなたは正しい。
You (are) right.
正しい

(5) あなたのカメラは新しい。
Your camera (is) new.
あなたの　カメラ　新しい

(6) これは私の自転車です。
This (is) my bike.
私の　自転車

2 ふきだしの内容を英語で表しましょう。

ごちそうしてもらった食べ物の感想を伝えます。

これおいしい！

This is delicious!
おいしい：delicious

注意 be動詞は，文の中でふつう弱く読まれます。音声をよく聞いて，できるだけそっくりまねをしましょう。

05 am, are, isの使い分け ③

1 am, are, is のうち, 適する形を ( ) に書きましょう。

(1) 健太は背が高い。
Kenta (**is**) tall.

(2) 健太と大樹は背が高い。
Kenta and Daiki (**are**) tall.

(3) 彼は東京の出身です。
He (**is**) from Tokyo.

(4) 彼らは東京の出身です。
They (**are**) from Tokyo.
彼らは「複数」を表す

(5) 拓也と私は今, 横浜にいます。
Takuya and I (**are**) in Yokohama now.
ウ

(6) 私たちは今, 横浜にいます。
We (**are**) in Yokohama now.
私たちは「複数」を表す

2 ふきだしの内容を英語で表しましょう。

旅先で夜, 外に出たらすごい星空です。

星がきれい！

The stars are beautiful!
星：the stars きれい：beautiful

注意 **1** (2) (5) Kenta and DaikiやTakuya and Iなどは複数の主語です。

06 am, are, isの整理

1 am, are, is のうち, 適する形を ( ) に書きましょう。

(1) 愛子は高校生です。
Aiko (**is**) a high school student.
高校   生徒

(2) 私はサッカーのファンです。
I (**am**) a soccer fan.
サッカー　ファン

(3) 私の父はシドニーにいます。
My father (**is**) in Sydney.
シドニー

(4) あなたは歌がじょうずです。
You (**are**) a good singer.
よい　歌い手

(5) 彼らはカナダの出身です。
They (**are**) from Canada.
カナダ

(6) このスマホは新しい。
This smartphone (**is**) new.
スマートフォン

2 ふきだしの内容を英語で表しましょう。

友達とハイキング中に, 少し休憩したくなりました。

疲れました。

I'm tired.
疲れた：tired

注意 **2** 英語では主語が必要です。「私は疲れています。」という文にしましょう。

07 いろいろな動詞

1 適する動詞を選び, ( ) に書きましょう。

(1) 私はサッカーをします。
I (**play**) soccer.

(2) 私はかばんの中にカメラを持っています。
I (**have**) a camera in my bag.
かばん

(3) 私はバスケットボールが好きです。
I (**like**) basketball.
バスケットボール

(4) 私は毎日テレビを見ます。
I (**watch**) TV every day.

have
play
like
watch

2 英語にしましょう。

(1) 私はギターを弾きます。
I play the guitar.
「弾く」は「(スポーツなどを) する」と同じ動詞を使う。　ギター：the guitar

(2) 私は毎日英語を勉強します。
I study English every day.
英語：English

(3) 私は日本語を話します。
I speak Japanese.
話す：speak　日本語：Japanese

3 ふきだしの内容を英語で表しましょう。

テレビを見ていたら好きな曲が流れました。

この曲, 好き。

I like this song.
主語と動詞のある文にしましょう。　この曲：this song

注意 **3** 日本語の話し言葉では主語がよく省略されますが, 英語ではいつも必要です。「私はこの曲が好きです。」という文にしましょう。

08 「3人称」とは？

1 主語（下線部）が3人称の英文を選び, ( ) に○を書きましょう。

(1) <u>Ms. Brown</u> is a teacher. (○)
〜さん。先生（女性に使う）
（ブラウンさんは先生です。）

(2) <u>I</u> like baseball. ( )
（私は野球が好きです。）

(3) <u>My father</u> is busy. (○)
（私の父は忙しい。）

(4) <u>You</u> are tall. ( )
（あなたは背が高い。）

(5) <u>This</u> is my notebook. (○)
ノート
（これは私のノートです。）

(6) <u>My dog</u> is in the yard. (○)
庭
（私の犬は庭にいます。）

(7) <u>She</u> is from Australia. (○)
（彼女はオーストラリアの出身です。）

(8) <u>That house</u> is big. (○)
（あの家は大きい。）

注意 自分と相手以外であれば, 人だけでなく, 物も3人称の主語です。

09 動詞の形の使い分け ① <small>本文 27 ページ</small>

1 適する動詞を選び，必要があれば形を変えて（　）に書きましょう。
同じ動詞を２回以上使ってもかまいません。

> like　play　come　live　speak　walk　want

(1) 私はテニスをします。私の母もテニスをします。
I（ play ）tennis. My mother（ plays ）
tennis, <u>too</u>.
<small>〜も</small>

(2) 私はピアノを弾きます。佐藤さんはギターを弾きます。
I（ play ）the piano. Mr. Sato（ plays ）the
guitar.
<small>ピアノ　〜さん，〜先生(男性に使う)</small>

(3) 私はねこが好きです。健太は犬が好きです。
I（ like ）<u>cats</u>. Kenta（ likes ）<u>dogs</u>.
<small>ねこ　　　　　　　　　　　犬</small>

(4) 私は東京に住んでいます。私の兄は大阪に住んでいます。
I（ live ）in Tokyo. My <u>brother</u>（ lives ）in
Osaka.
<small>兄, 弟</small>

(5) 大樹は毎日学校まで歩きます（歩いて通学しています）。
Daiki（ walks ）to school every day.

(6) 私の父は8時に家に帰ってきます。
My father（ comes ）<u>home</u> at eight.
<small>家に</small>

(7) 彼は中国語を話します。
He（ speaks ）<u>Chinese</u>.
<small>中国語</small>

(8) 彼女はスマートフォンをほしがっています。
She（ wants ）a smartphone.

注意 plays, lives, comesのsは [z(ズ)] のように発音し，
likes, walks, speaksのsは [s(ス)] のように発音
します。wantsのtsは [ツ] のようになります。

---

10 まちがえやすい3単現 <small>本文 29 ページ</small>

1 適する動詞を選び，必要があれば形を変えて（　）に書きましょう。
同じ動詞を２回以上使ってもかまいません。

> study　teach　watch　wash　have

(1) 私はねこを1ぴき飼っています。健太は犬を1ぴき飼っています。
I（ have ）a cat. Kenta（ has ）a dog.
<small>「飼っている」は「持っている」と同じ動詞を使います。</small>

(2) 私には兄が1人います。美樹にはお姉さんが1人います。
I（ have ）a brother. Miki（ has ）a sister.
<small>「(兄・姉が) いる」も「持っている」と同じ動詞を使います。　姉, 妹</small>

(3) 鈴木先生は音楽を教えています。
Ms. Suzuki（ teaches ）music.

(4) 彼女は毎日テレビを見ます。
She（ watches ）TV every day.

(5) 久美は熱心に英語を勉強します。
Kumi（ studies ）English <u>hard</u>.
<small>熱心に</small>

2 ふきだしの内容を英語で表しましょう。

どの電車が東京に行くか聞かれました。

> あの電車が東京に行きますよ。

That train goes to Tokyo.

<small>あの電車：that train　〜に：to 〜</small>

注意 **2** that trainが3人称単数の主語なので，「行く」は
動詞goの3単現goesで表します。

---

11 動詞の形の使い分け ② <small>本文 31 ページ</small>

1 動詞 play を，必要があれば形を変えて（　）に書きましょう。

(1) I（ play ）the guitar.

(2) Kenta（ plays ）the guitar.

(3) Kenta and Daiki（ play ）the guitar.

(4) You（ play ）the guitar.

(5) <u>We</u>（ play ）the guitar.
<small>私たちは(複数)</small>

2 適する動詞を選び，必要があれば形を変えて（　）に書きましょう。

> live　study　speak　go

(1) 恵子は毎日英語を勉強します。
Keiko（ studies ）English every day.

(2) マイクとクリスはニューヨークに住んでいます。
Mike and Chris（ live ）in New York.
<small>ニューヨーク</small>

(3) 健と彼の妹はいっしょに学校に行きます。
Ken and his sister（ go ）to school
<u>together</u>.
<small>いっしょに</small>

(4) 彼らは英語を話します。
They（ speak ）English.
<small>彼らは(複数)</small>

注意 Kenta and DaikiのようなA and Bの形の主語と，
we（私たちは），they（彼らは）は複数の主語です。

---

12 動詞の形のまとめ <small>本文 33 ページ</small>

1 適する動詞を選び，必要があれば形を変えて（　）に書きましょう。

> play　speak　go　like
> have　watch　want　live

(1) 私は金沢に住んでいます。
I（ live ）in Kanazawa.

(2) 私の母は犬が好きです。
My mother（ likes ）dogs.

(3) 彼らは日本語を話します。
They（ speak ）Japanese.
<small>日本語</small>

(4) 私は新しい自転車がほしい。
I（ want ）a new bike.

(5) 由紀と美咲は毎日テニスをします。
Yuki and Misaki（ play ）tennis every day.

(6) 私の兄は車を持っています。
My brother（ has ）a car.

(7) 私は大樹といっしょに学校に行きます。
I（ go ）to school <u>with</u> Daiki.
<small>〜といっしょに</small>

(8) 彼女は夕食後にテレビを見ます。
She（ watches ）TV <u>after dinner</u>.
<small>〜のあとに　夕食</small>

注意 **1** (2)(8) 3人称単数の主語なのに動詞にsやesをつけ
忘れるミスが多いので注意しましょう。

13 「彼は」「私たちは」など

1 適する代名詞を（　）に書きましょう。

(1) 私たちは同じクラスです。
（　We　）are in the <u>same class</u>.
同じ　クラス

(2) これは私のカメラです。それは新しいです。
This is my camera.（　It　）is new.
↑ my camera をさす

(3) 私の母は音楽が好きです。彼女はピアノを弾きます。
My mother likes music.（　She　）plays the piano.
↑ my mother をさす

(4) 久美と美樹は友達です。彼女たちは美術部です。
Kumi and Miki are <u>friends</u>.（　They　）are in the <u>art club</u>.
友達　↑ Kumi and Miki をさす
美術　クラブ

(5) ブラウン先生は英語の先生です。彼はカナダの出身です。
Mr. Brown is an English teacher.（　He　）is from Canada.
↑ Mr. Brown をさす

(6) 私は犬とねこを飼っています。それらはとてもかわいいです。
I have a dog and a cat.（　They　）are very cute.
↑ a dog and a cat をさす　とても
かわいい

2 ふきだしの内容を英語で表しましょう。

自分の友達を紹介しましょう。

こちらは友人のアヤです。

This is my friend Aya.
友人のアヤ：my friend Aya

注意 **1**(2) this, that は最初に指すときに使い、2回目以降はふつうit を使います。

---

14 「彼の」「私たちの」など

1 適する形の代名詞を（　）に書きましょう。

(1) 私のいちばん好きな教科は理科です。
（　My　）favorite <u>subject</u> is <u>science</u>.
大好きな　教科　理科

(2) 私たちの理科の先生は佐藤先生です。
（　Our　）science teacher is Mr. Sato.

(3) あなたの英語はとてもじょうずです。
（　Your　）English is <u>very</u> good.
とても

(4) 私の兄はテニスをします。これは彼のラケットです。
My brother plays tennis. This is（　his　）<u>racket</u>.
ラケット

(5) 彼らはサッカーチームに入っています。彼らのチームは強いです。
They're on the soccer <u>team</u>.（　Their　）team is <u>strong</u>.
チーム
強い

(6) ミラーさんは日本語を話します。彼女のお母さんは日本人です。
Ms. Miller speaks <u>Japanese</u>.（　Her　）mother is Japanese.
日本語　日本人（の）

(7) 由美と恵子は姉妹です。彼女たちのお父さんは医師です。
Yumi and Keiko are sisters.（　Their　）father is a <u>doctor</u>.
医師

注意 **1**(5)(7)「彼らの、彼女らの」を表すtheirはつづりをまちがえやすいので注意しましょう。

---

15 情報をプラスすることば ①

1 （　）内の語を並べかえて、英文を完成しましょう。

(1) 彼女は大きな犬を飼っています。（ dog / has / big / a ）
She ＿has a big dog＿.
大きい：big

(2) 私は新しいカメラがほしいです。（ new / a / camera / want ）
I ＿want a new camera＿.
新しい：new

(3) 彼は小さな家に住んでいます。（ house / a / small ）
He lives in ＿a small house＿.
小さい：small

(4) この質問は簡単です。（ question / easy / is ）
This ＿question is easy＿.
質問：question　簡単な：easy

(5) 私にいい考えがあります。（ a / have / idea / good ）
I ＿have a good idea＿.
よい：good　考え：idea

(6) 私の父は古い車を持っています。（ an / has / car / old ）
My father ＿has an old car＿.
古い：old

2 ふきだしの内容を英語で表しましょう。

見つけた動画を家族にすすめましょう。

この動画、おもしろいよ。

This video is interesting.
動画：video　おもしろい：interesting

注意 **1**(6) an old car の an old のように、an とその次の語の最初の母音はつなげて発音されることが多いです。

---

16 情報をプラスすることば ②

1 次の語句を使って、英文に（　）内の情報をつけ加えて書きかえましょう。

| now | often | usually | here | hard |
| well | sometimes | every day | | |

(例) I'm busy.（ + 今 ）
＿I'm busy now.＿

(1) Kenta plays the piano.（ + じょうずに ）
＿Kenta plays the piano well.＿

(2) I walk to school.（ + たいてい、ふつうは ）
＿I usually walk to school.＿

(3) Miki studies English.（ + 熱心に ）
＿Miki studies English hard.＿

(4) I watch TV.（ + 毎日 ）
＿I watch TV every day.＿

(5) Mr. Suzuki goes to Tokyo.（ + よく、しばしば ）
＿Mr. Suzuki often goes to Tokyo.＿

(6) We play soccer.（ + ここで ）
＿We play soccer here.＿

(7) I go to the library.（ + ときどき ）
＿I sometimes go to the library.＿

注意 (5) often の t は発音されないことが多いですが、t を発音する人もいます。

17 情報をプラスすることば ③

1 適する前置詞を（　）に書きましょう。

(1) 私のおじは北海道に住んでいます。
My uncle lives （　in　） Hokkaido.
おじ

(2) あなたの本はテーブルの上にあります。
Your book is （　on　） the table.
テーブル

(3) このバスはさくら駅に行きます。
This bus goes （　to　） Sakura Station.
バス　　　　　　　　　　駅

(4) 私は朝食前に顔を洗います。
I wash my face （ before ） breakfast.
洗う　顔　　　　　　　　朝食

2 英文に（　）内の情報をつけ加えて書きかえましょう。

(1) I go to school. （ + 兄と ）
I go to school with my brother.
兄：my brother

(2) He comes here. （ + 10時に ）
He comes here at ten.

(3) I have a camera. （ + 私のかばんの中に ）
I have a camera in my bag.
かばん：bag

(4) We play soccer. （ + 放課後に ）
We play soccer after school.
「放課後に」は「学校のあとで」と考えよう。

注意 **2** (2)「〜時に」と言うときにはatを使います。

18 否定文のつくり方 ①

1 否定文に書きかえましょう。

(例) She is a teacher.
→ **She isn't a teacher.**

(1) This is my bike.
This isn't my bike.

(2) I'm a good singer.
I'm not a good singer.
a good singer：じょうずな歌い手, 歌がじょうずな人

(3) My brother is a baseball fan.
My brother isn't a baseball fan.
a baseball fan：野球ファン

(4) Aiko is a high school student.
Aiko isn't a high school student.
a high school student：高校生

(5) They are from Australia.
They aren't[They're not] from Australia.
Australia：オーストラリア

2 ふきだしの内容を英語で表しましょう。

「食べる？」とすすめられましたが…。

ありがとう、でもおなかすいてないんだ。

Thanks, but I'm not hungry.
Thanks, but 〜で始めましょう。　おなかがすいている：hungry

注意 **2** ×amn'tという短縮形はないので注意しましょう。

19 否定文のつくり方 ②

1 否定文に書きかえましょう。

(例) I like dogs.
→ **I don't like dogs.**

(1) I play tennis.
I don't play tennis.

(2) I know his name.
I don't know his name.
know：知っている　name：名前

(3) They use this room.
They don't use this room.
use：使う　room：部屋

(4) We live here.
We don't live here.
live：住んでいる

(5) They speak Japanese.
They don't speak Japanese.
speak：話す　Japanese：日本語

2 ふきだしの内容を英語で表しましょう。

「アドレス交換しよう」と言われましたが…。

スマホ持ってないんだ。

I don't have a smartphone.
スマホ（スマートフォン）：a smartphone

注意 don'tの最後のtは短く，飲み込むように発音されることもあります。

20 否定文のつくり方 ③

1 否定文に書きかえましょう。

(例) She plays tennis. → **She doesn't play tennis.**

(1) Mike lives in Tokyo.
Mike doesn't live in Tokyo.

(2) Takuya likes math.
Takuya doesn't like math.
math：数学

(3) Ms. Suzuki has a smartphone.
Ms. Suzuki doesn't have a smartphone.
smartphone：スマートフォン

(4) My grandfather watches TV.
My grandfather doesn't watch TV.
grandfather：祖父

(5) Ms. Brown speaks Japanese.
Ms. Brown doesn't speak Japanese.

2 ふきだしの内容を英語で表しましょう。

「東駅に止まりますか？」と聞かれました。

この電車は東駅（Higashi Station）には止まりません。

This train doesn't stop at Higashi Station.

注意 **2** 「この電車」はthis trainを主語にします。3人称単数の主語なのでdoesn'tを使います。

21 isn'tやdon'tの整理

本文 55 ページ

1 [ ]から適する語を選び，（ ）に書きましょう。
be 動詞の文なのか，一般動詞の文なのかに注意しましょう。

(1) 私はテニスがじょうずではありません。
I (am) not a good tennis player. [am / do]
プレーする人

(2) 私はコーヒーを飲みません。
I (do) not drink coffee. [am / do]

(3) 私は高校生ではありません。
I (am) not a high school student.
[am / do]

(4) 大樹はゴルフをしません。
Daiki (does) not play golf. [is / does]
ゴルフ

(5) 大樹は今，ここにはいません。
Daiki (is) not here now. [is / does]
ここに

2 [ ]から適する語を選び，（ ）に書きましょう。
主語による使い分けに注意しましょう。

(1) 私はあなたのおじさんを知りません。
I (don't) know your uncle. [don't / doesn't]
おじ

(2) 私の母は車を運転しません。
My mother (doesn't) drive a car.
運転する [don't / doesn't]

(3) 彼らは日本語を話しません。
They (don't) speak Japanese.
[don't / doesn't]

> **注意** be動詞の文と一般動詞の文を混同しないようにしましょう。

22 疑問文のつくり方 ①

本文 59 ページ

1 疑問文に書きかえましょう。

(例) You are hungry. → **Are you hungry?**

(1) That is a dog.
Is that a dog?

(2) This is your notebook.
Is this your notebook?
notebook：ノート

(3) They're in the same class.
Are they in the same class?
the same：同じ class：クラス

(4) She is a teacher.
Is she a teacher?

(5) That is a hospital.
Is that a hospital?
hospital：病院

(6) You are from China.
Are you from China?
China：中国

2 ふきだしの内容を英語で表しましょう。

友達に電話。話したいことがあるんだけど…。

今，忙しい？

Are you busy right now?

忙しい：busy 今：right now

> **注意** どの文も，最後を上げ調子（♪）で言います。音声で確認しましょう。

23 Are you 〜 ?などへの答え方

本文 61 ページ

1 次の質問に英語で答えましょう。① はい と答える場合と，② いいえ と
答える場合の両方を書いてみましょう。

(例) Are you Kenta?
① Yes, I am. ② No, I'm not.

(1) Is Mr. Smith from Canada?
① Yes, he is.
② No, he isn't. [No, he's not.]
Mr.：〜さん，〜先生（男性の姓につける敬称）

(2) Is your sister in Japan?
① Yes, she is.
② No, she isn't. [No, she's not.]

(3) Are you a high school student?
① Yes, I am.
② No, I'm not.
high school：高校 student：生徒

(4) Is this your notebook?
① Yes, it is.
② No, it isn't. [No, it's not.]

(5) Is that a station?
① Yes, it is.
② No, it isn't. [No, it's not.]
station：駅

(6) Are your parents busy?
① Yes, they are.
② No, they aren't. [No, they're not.]
parents：両親（複数）

> **注意** he isn'tやit isn'tのような短縮形を使ってもいいですし，he's notやit's notのような短縮形を使ってもいいです。どちらでもかまいません。

24 疑問文のつくり方 ②

本文 63 ページ

1 疑問文に書きかえましょう。

(1) You like soccer.
Do you like soccer?

(2) You live near here.
Do you live near here?
near：〜の近くに here：ここ

(3) You have a cell phone.
Do you have a cell phone?
cell phone：携帯電話

2 英語にしましょう。
そのあとで，その質問に ①はい と ②いいえ で答えましょう。

(例) あなたはねこが好きですか。
Do you like cats?
→ ① Yes, I do. ② No, I don't.

(1) あなたは英語を話しますか。
Do you speak English?
話す：speak
→ ① Yes, I do. ② No, I don't.

(2) あなたは毎日テレビを見ますか。
Do you watch TV every day?
見る：watch 毎日：every day
→ ① Yes, I do. ② No, I don't.

(3) あなたはピアノを弾きますか。
Do you play the piano?
ピアノ：the piano
→ ① Yes, I do. ② No, I don't.

> **注意** Yes, I do. / No, I don't.のdoとdon'tはIよりも強めに発音されます。

25 疑問文のつくり方 ③ 本文65ページ

1 疑問文に書きかえましょう。

(1) She plays tennis.

Does she play tennis?

(2) He lives in London.

Does he live in London?

London：ロンドン

(3) Ms. Suzuki teaches science.

Does Ms. Suzuki teach science?

science：理科

2 英語にしましょう。

そのあとで，その質問に ①はい と ②いいえ で答えましょう。

(例) 健太はねこが好きですか。

Does Kenta like cats?

→ ① **Yes, he does.**　② **No, he doesn't.**

(1) ミラーさん（Ms. Miller）はスペイン語を話しますか。

Does Ms. Miller speak Spanish?

Ms.：〜さん，〜先生（女性の姓につける敬称）　スペイン語：Spanish

→ ① Yes, she does.　② No, she doesn't.

(2) あなたのお母さんはピアノを弾きますか。

Does your mother play the piano?

→ ① Yes, she does.　② No, she doesn't.

(3) あなたのお父さんは車を持っていますか。

Does your father have a car?

車：a car

→ ① Yes, he does.　② No, he doesn't.

注意 疑問文では動詞は原形を使うことに注意しましょう。

---

26 Are you ～？やDo you ～？の整理 本文67ページ

1 [　] から適する語を選び，（　）に書きましょう。

be動詞の文なのか，一般動詞の文なのかに注意しましょう。

(1) あなたはサッカーファンですか。

（ **Are** ）you a soccer fan?　[Are / Do]

(2) あなたはコーヒーが好きですか。

（ **Do** ）you like coffee?　[Are / Do]

(3) あなたは中学生ですか。

（ **Are** ）you a junior high school student?

[Are / Do]

(4) 大樹はゴルフをしますか。

（ **Does** ）Daiki play golf?　[Is / Does]

(5) 大樹は忙しいですか。

（ **Is** ）Daiki busy?　[Is / Does]

2 [　] から適する語を選び，（　）に書きましょう。

主語による使い分けに注意しましょう。

(1) あなたはブラウンさんを知っていますか。

（ **Do** ）you know Mr. Brown?　[Do / Does]

(2) あなたのお母さんは車を運転しますか。

（ **Does** ）your mother drive a car?

[Do / Does]

(3) 彼らは日本語を話しますか。

（ **Do** ）they speak Japanese?　[Do / Does]

注意 **2**(3) theyは複数の主語なのでDoを使うことに注意しましょう。

---

27 「～できる」のcan 本文71ページ

1 英語にしましょう。

(1) 私はピアノが弾けます。

I can play the piano.

ピアノ：the piano

(2) 大樹（Daiki）はギターが弾けません。

Daiki can't play the guitar.

ギター：the guitar

(3) 彼は速く走れます。

He can run fast.

走る：run　速く：fast

(4) 彼女は日本語が読めません。

She can't read Japanese.

読む：read　日本語：Japanese

(5) 彼らはじょうずにスキーができます。

They can ski well.

スキーをする：ski（動詞）　じょうずに：well

(6) 私の犬は泳ぐことができます。

My dog can swim.

泳ぐ：swim

2 ふきだしの内容を英語で表しましょう。

オンライン授業で先生の音声が聞こえません。

ごめんなさい，聞こえません。

Sorry, I can't hear you.

Sorry, で始めましょう。　聞こえる：hear

注意 canの否定文では，短縮しないcan notという書き方はあまり使われません。can'tまたはcannotを使うのがふつうです。

---

28 「～できますか」 本文73ページ

1 疑問文に書きかえましょう。

(1) You can play the piano.

Can you play the piano?

(2) She can read Japanese.

Can she read Japanese?

read：読む　Japanese：日本語

2 英語にしましょう。

そのあとで，その質問に ①はい と ②いいえ で答えましょう。

(例) あなたは料理ができますか。

Can you cook?

→ ① **Yes, I can.**　② **No, I can't.**

(1) 彼は泳げますか。

Can he swim?

→ ① Yes, he can.　② No, he can't.

(2) あなたのお姉さんは運転できますか。

Can your sister drive?

あなたのお姉さん：your sister　運転する：drive

→ ① Yes, she can.　② No, she can't.

(3) あなたはスキーができますか。

Can you ski?

スキーをする：ski（動詞）

→ ① Yes, I can.　② No, I can't.

(4) あなたには，私（の言うこと）が聞こえますか。

Can you hear me?

聞こえる，耳に入る：hear　私（を）：me

→ ① Yes, I can.　② No, I can't.

注意 canも，そのあとの動詞も，主語が変わっても形は変化しません。

29 「〜してもいい?」「〜してくれる?」
本文75ページ

1 英語にしましょう。

(1) この電話を使ってもいいですか。
Can I use this phone?
使う:use 電話:phone

(2) ドアを開けてくれますか。
Can you open the door?
開ける:open ドア:the door

(3) 私を手伝ってくれませんか。
Can you help me?
手伝う:help 私を:me

(4) この手紙を読んでもいいですか。
Can I read this letter?
読む:read 手紙:letter

(5) 窓を閉めてくれませんか。
Can you close the window?
閉める:close 窓:the window

(6) あなたの辞書を使ってもいいですか。
Can I use your dictionary?
辞書:dictionary

2 ふきだしの内容を英語で表しましょう。

機内が寒いので、乗務員さんに聞いてみましょう。

毛布をもらえますか?

Can I have a blanket?
もらう:have 毛布:a blanket

注意 **2** 「〜をもらえますか。」はCan I have 〜?で表せます。

30 「何?」とたずねる文 ①
本文79ページ

1 英語にしましょう。

(1) これは何ですか。
What's this?

(2) あれは何ですか。
What's that?

(3) あなたのお姉さんの名前は何ですか。
What's your sister's name?
お姉さん:sister 名前:name

(4) あなたのいちばん好きなスポーツは何ですか。
What's your favorite sport?
いちばん好きな:favorite スポーツ:sport

2 次の質問に英語で答えましょう。(　)内の内容を答えてください。

(1) **What's this?** (→携帯電話です。)
It's a cell phone.
携帯電話:a cell phone

(2) **What's this?** (→ハムのサンドイッチです。)
It's a ham sandwich.
ハムのサンドイッチ:a ham sandwich

(3) **What's that?** (→ホテルです。)
It's a hotel.
ホテル:a hotel

注意 **2** What's this[that]?にはIt's 〜.で答えます。

31 時刻・曜日をたずねる文
本文81ページ

1 英語にしましょう。

(1) 何時ですか。
What time is it?

(2) 今日は何曜日ですか。
What day is it today?
今日は:today

2 次の質問に英語で答えましょう。①〜④のそれぞれの場合の答えを書いてみましょう。(p.130〜131の「数の言い方」「曜日の言い方」を見てもかまいません。)

(1) **What time is it?**
① 5:00 　**It's five (o'clock).**
② 6:30 　**It's six thirty.**
③ 8:20 　**It's eight twenty.**
④ 11:15 　**It's eleven fifteen.**

(2) **What day is it today?**
① 日曜日 　**It's Sunday.**
② 月曜日 　**It's Monday.**
③ 水曜日 　**It's Wednesday.**
④ 土曜日 　**It's Saturday.**

注意 thirty, Wednesday, Saturdayなどのつづりに注意しましょう。

32 「何?」とたずねる文 ②
本文83ページ

1 英語にしましょう。

(1) あなたは朝食に何を食べますか。
What do you have[eat] for breakfast?
食べる:have または eat

(2) あなたは日曜日には何をしますか。
What do you do on Sundays?
する:do

(3) あなたのお父さんは日曜日には何をしますか。
What does your father do on Sundays?

(4) あなたは何の教科が好きですか。
What subject do you like?
教科:subject

(5) 彼女は何のスポーツが好きですか。
What sport does she like?
スポーツ:sport

2 ふきだしの内容を英語で表しましょう。

友達の荷物が気になるので聞いてみましょう。

バッグの中に何を持ってるの?

What do you have in your bag?
バッグ:bag

注意 **1** (4) ×What do you like subject?としないように注意しましょう。

33 「だれ?」「どこ?」「いつ?」「どれ?」

本文 85 ページ

1 適する疑問詞を ( ) に書きましょう。

(1) どちらが彼女のラケットですか。
(Which) is her racket?
ラケット

(2) 私のカメラはどこにありますか。
(Where) is my camera?

(3) あの男の子はだれですか。
(Who) is that boy?

(4) 学校祭はいつですか。
(When) is the school festival?
祭り

2 英語にしましょう。

(1) ヘレン(Helen)とはだれですか。
Who's Helen?

(2) どちらがあなたのノートですか。
Which is your notebook?
ノート: notebook

(3) あなたはどこに住んでいますか。
Where do you live?
住む: live

(4) あなたの誕生日はいつですか。
When is your birthday?
誕生日: birthday

注意 **2** (1) Who'sはWho isの短縮形です。

34 「どう?」とたずねる文

本文 87 ページ

1 英語にしましょう。

(1) あなたのお母さんはどうですか(お元気ですか)。
How's your mother?

(2) 大阪の天気はどうですか。
How's the weather in Osaka?
天気: the weather

(3) あなたはどうやって学校に来ますか。
How do you come to school?

2 次の質問に①~③のそれぞれの場合の答えを書いてみましょう。

How's the weather in Tokyo?

① 日がさしている It's sunny.

② 雨 It's rainy.

③ くもり It's cloudy.

3 ふきだしの内容を英語で表しましょう。

 新品を食べている友達に感想を聞いてみましょう。

それ、どう?

How is it?

itを使いましょう。

注意 **2** 天気の聞き方と答え方はセットで覚えましょう。

35 「複数形」とは?

本文 91 ページ

1 [ ] 内の語を、必要があれば形を変えて ( ) に書きましょう。

(1) 私は犬を2ひき飼っています。
I have two (dogs). [dog]

(2) 佐々木さんは数学の先生です。
Ms. Sasaki is a math (teacher). [teacher]

(3) ハンバーガーを3つください。
Three (hamburgers), please. [hamburger]

(4) 彼女はたくさんの本を持っています。
She has many (books). [book]

(5) 私は英語の歌を何曲か知っています。
I know some English (songs). [song]

(6) 彼は日本に友達がたくさんいますか。
Does he have a lot of (friends) in Japan?
[friend]

(7) 私には姉妹はひとりもいません。
I don't have any (sisters). [sister]

注意 hamburgersなどのsは [z(ズ)] のように発音しますが、booksのsは [s(ス)] のように発音します。

36 まちがえやすい複数形

本文 93 ページ

1 次の名詞の複数形を書きましょう。

(1) city (都市) (cities)

(2) box (箱) (boxes)

(3) man (男性) (men)

(4) woman (女性) (women)

(5) child (子ども) (children)

(6) family (家族) (families)

2 ( ) 内の語を、必要があれば形を変えて ( ) に書きましょう。

(1) 火曜日には授業が5時間あります。
We have five (classes) on Tuesdays. (class)

(2) ジョーンズさんは毎年たくさんの国を訪れます。
Mr. Jones visits many (countries) every year.
訪れる (country)

(3) 象はたくさんの水を飲みます。
Elephants drink a lot of (water). (water)
象 飲む

注意 **2** (3) waterは数えられない名詞なので複数形にしません。

37 数をたずねる文

1 英文を完成しましょう。

(1) あなたは何びきの犬を飼っていますか。
　　<u>How many dogs</u>　　do you have?

(2) この橋はどのくらいの長さですか。
　　<u>How long</u>　　is this bridge?
　　　　　　　　　　　　橋

(3) あなたは何歳ですか, 美樹。
　　<u>How old</u>　　are you, Miki?

(4) 彼の身長はどのくらいの高さですか。
　　<u>How tall</u>　　is he?

(5) これはいくら (どのくらいの値段) ですか。
　　<u>How much</u>　　is this?

2 ( ) 内の語を並べかえて, 英文を完成しましょう。

(1) この映画はどのくらいの長さですか。
　　(how / movie / this / long / is)?
　　<u>How long is this movie?</u>
　　映画 : movie

(2) この建物はどれくらい古いのですか。
　　(building / old / is / this / how)?
　　<u>How old is this building?</u>
　　建物 : building

(3) あなたは本を何冊持っていますか。
　　(many / you / books / how / do / have)?
　　<u>How many books do you have?</u>

注意 **1** (1) **2** (3) How manyのあとの名詞は複数形にします。

---

38 「〜しなさい」

1 適する語を選び, ( ) に書きましょう。

| wash　use　open　wait　stand　write |

(1) 立ちなさい, 拓也。
　　(Stand) up, Takuya.

(2) ドアを開けてください。
　　Please (open) the door.
　　　　　　　　　　　　　　　ドア

(3) 手を洗いなさい, メアリー。
　　(Wash) your hands, Mary.
　　　　　　　　　　　手

(4) ここで待っていてください。
　　Please (wait) here.

(5) 由香, 私のえんぴつを使って。
　　Yuka, (use) my pencil.
　　　　　　　　　　　　えんぴつ

(6) あなたの名前をここに書いてください。
　　Please (write) your name here.

2 ふきだしの内容を英語で表しましょう。

立っているお年寄りに席をゆずりましょう。
ここに座ってください。

Please sit here.

ここに : here

注意 **2** 「席につく」という意味のhave a seatを使って Please have a seat.という言い方もできます。

---

39 「〜しないで」「〜しましょう」

1 英語にしましょう。

(1) いっしょに歌いましょう。
　　<u>Let's sing together.</u>
　　歌う : sing　いっしょに : together

(2) 公園に行きましょう。
　　<u>Let's go to the park.</u>
　　公園 : the park

(3) ここで泳いではいけません。
　　<u>Don't swim here.</u>
　　泳ぐ : swim　ここで : here

(4) 家に帰りましょう。
　　<u>Let's go home.</u>
　　家に帰る : go home

(5) その箱を開けてはいけません。
　　<u>Don't open the box.</u>
　　開ける : open　その箱 : the box

(6) 放課後テニスをしましょう。
　　<u>Let's play tennis after school.</u>
　　放課後 : after school

2 ふきだしの内容を英語で表しましょう。

不安になっている友達を元気づけましょう。
心配しないで。

Don't worry.

心配する : worry

注意 Don'tもLet'sも, あとには動詞の原形がきます。

---

40 「私を」「彼を」など

1 適する代名詞を ( ) に書きましょう。

(1) あなたは彼を知っていますか。
　　Do you know (him)?

(2) 私はあなたを愛しています。
　　I love (you).
　　　愛する

(3) 私を見てください。
　　Please look at (me).
　　　　　　見る

(4) 彼らを手伝おう。
　　Let's help (them).
　　　　　　手伝う

(5) 彼女 (の言うこと) をよく聞いて。
　　Listen to (her) carefully.
　　　聞く　　　　　　　　　注意深く

(6) ブラウン先生はたいてい私たちといっしょにお昼を食べます。
　　Mr. Brown usually has lunch with (us).
　　　　　　　　　　　　　昼食

(7) どうか私に話しかけないで。
　　Please don't talk to (me).
　　　　　　　　　話す

(8) 彼の写真は美しい。私はそれらをとても気に入っています。
　　His pictures are beautiful. I like (them) a lot.
　　　写真・絵　　　　　　　　　　　　　　　　　　大いに

注意 代名詞は, 動詞の目的語になるときだけでなく, 前置詞のあとでも目的格にします。

11

41 「現在進行形」とは？

本文 105 ページ

1 英語にしましょう。

(1) 健太（Kenta）はピアノを弾いているところです。

　　Kenta is playing the piano.
ピアノ：the piano

(2) 彼女は本を読んでいます。

　　She's reading a book.
読む：read　本：a book

(3) 私は図書館で英語を勉強しているところです。

　　I'm studying English in the library.
勉強する：study　図書館で：in the library

(4) 彼らは居間でテレビを見ています。

　　They're watching TV in the living room.
見る：watch　居間で：in the living room

(5) 私たちはバスを待っています。

　　We're waiting for the bus.
～を待つ：wait for ～　バス：the bus

(6) 大樹（Daiki）と雄二（Yuji）はおしゃべりしています。

　　Daiki and Yuji are talking.
おしゃべりする、話す：talk

2 ふきだしの内容を英語で表しましょう。

友達から電話。食事中だと伝えましょう。

> 今，晩ご飯を食べてるんだ。

　　I'm having[eating] dinner
　　right now.
食べる：have または eat　今：right now

注意 **1** (4) (5) (6) 複数の主語なので，be動詞はareを使います。

---

42 まちがえやすい ing形

本文 107 ページ

1 次の動詞の ing形を書きましょう。

(1) run （走る）　　　　　　（　running　）

(2) write （書く）　　　　　（　writing　）

(3) make （作る）　　　　　（　making　）

(4) sit （すわる）　　　　　（　sitting　）

(5) swim （泳ぐ）　　　　　（　swimming　）

(6) use （使う）　　　　　　（　using　）

2 英語にしましょう。

(1) 私は彼を知っています。

　　I know him.
知っている：know

(2) 私はねこを飼っています。

　　I have a cat.
ねこ：a cat

(3) 彼は朝食を食べているところです。

　　He's having[eating] breakfast.
朝食：breakfast

注意 **1** run，sit，swimは最後の文字を重ねてingをつけます。

---

43 進行形の否定文・疑問文

本文 109 ページ

1 英語にしましょう。

(1) 私はテレビを見ているのではありません。

　　I'm not watching TV.

(2) 彼らはおしゃべりしているのではありません。

　　They aren't[They're not] talking.
おしゃべりする、話す：talk

(3) 健太（Kenta）は勉強しているのではありません。

　　Kenta isn't studying.

2 英語にしましょう。
そのあとで、その質問に ①はい と ②いいえ で答えましょう。

(例) 彼女は眠っているのですか。

　　Is she sleeping?

→ ① Yes, she is.　　② No, she isn't.

(1) あなたはジョージ（George）を待っているのですか。

　　Are you waiting for George?
～を待つ：wait for ～

→ ① Yes, I am.　　② No, I'm not.

(2) 彼は走っていますか。

　　Is he running?
走る：run

→ ① Yes, he is.　　② No, he isn't.

(3) 大樹（Daiki）と美咲（Misaki）はテニスをしているのですか。

　　Are Daiki and Misaki playing tennis?

→ ① Yes, they are.　　② No, they aren't.

注意 **2** (2) (3) No, he isn't.のほかNo, he's not.という短縮形もあります。同様にNo, they aren't.はNo, they're not.でもかまいません。

---

44 「何をしているのですか」

本文 111 ページ

1 英語にしましょう。

(1) あなたは何をしているのですか。

　　What are you doing?

(2) 健太（Kenta）は何をしているのですか。

　　What's Kenta doing?

(3) 彼らは教室で何をしているのですか。

　　What are they doing in the classroom?
教室で：in the classroom

(4) 彼らは何を作っているのですか。

　　What are they making?
作る：make

(5) だれがギターを弾いているのですか。

　　Who's playing the guitar?
ギターを弾く：play the guitar

2 次の質問に英語で答えましょう。（　）内の内容を答えてください。

(1) What are you doing? （→ボブ（Bob）を待っています）

　　I'm waiting for Bob.
～を待つ：wait for ～

(2) What is Ms. Suzuki doing? （→メールを書いています）

　　She's writing an e-mail.
書く：write　メール：an e-mail

(3) What is he making? （→サンドイッチを作っています）

　　He's making sandwiches.
サンドイッチ：sandwiches

注意 **1** (5) Who's playing ～?の文は，Whoが主語になっています。

45 「過去形」とは？

1 英語にしましょう。

(1) 私は昨夜，テレビを見ました。
I watched TV last night.

(2) 私はきのう，野球をしました。
I played baseball yesterday.
野球：baseball

(3) 10年前に，彼は私たちを助けてくれました。
He helped us ten years ago.
助ける：help

(4) 美樹 (Miki) は先週，彼女のおじさんを訪ねました。
Miki visited her uncle last week.
訪ねる：visit　おじ：uncle

(5) 私はこの前の日曜日，ボブ (Bob) と話をしました。
I talked with Bob last Sunday.
～と話をする：talk with ～

(6) 彼女はこの前の月曜日，学校まで歩きました。
She walked to school last Monday.

2 ふきだしの内容を英語で表しましょう。

休んでいる友達をみんな心配しています。

きのうの夜，彼に電話したんだ。
I called him last night.
電話する：call

注意 watched, helped, talked, walkedのedは [t]，playedのedは [d] のように発音します。visitedのedは [id] のように発音します。

---

46 注意すべき過去形

1 次の動詞の過去形を書きましょう。

(1) have (had) (2) see (saw)
(3) like (liked) (4) write (wrote)
(5) use (used) (6) make (made)
(7) read (read) (8) stop (stopped)

2 英語にしましょう。

(1) 私は先週ハワイ (Hawaii) に行きました。
I went to Hawaii last week.

(2) 私は昨夜，英語を勉強しました。
I studied English last night.

(3) ジム (Jim) は2週間前に日本に来ました。
Jim came to Japan two weeks ago.

(4) ジョーンズさん (Mr. Jones) は3年前，東京に住んでいました。
Mr. Jones lived in Tokyo three years ago.

(5) 彼女は今朝8時に起きました。
She got up at eight this morning.
起きる：get up　今朝：this morning

注意 **2** (2) studiedのつづりに注意しましょう。

---

47 過去の否定文

1 否定文に書きかえましょう。

(1) He had a cell phone.
He didn't have a cell phone.
cell phone：携帯電話

(2) They used this room.
They didn't use this room.

(3) I saw her at the party.
I didn't see her at the party.
saw：see（見える・見かける・会う）の過去形

2 英語にしましょう。

(1) 私はきのう，学校に行きませんでした。
I didn't go to school yesterday.

(2) 彼は昨夜，テレビを見ませんでした。
He didn't watch TV last night.

(3) マリア (Maria) はこの前の日曜日は練習に来ませんでした。
Maria didn't come to practice last Sunday.
練習：practice（名詞）

注意 過去の否定文は，主語が変わってもdidn'tの形も動詞の形も変わりません。

---

48 過去の疑問文

1 疑問文に書きかえましょう。

(1) She played tennis yesterday.
Did she play tennis yesterday?

(2) You wrote this letter.
Did you write this letter?
letter：手紙

(3) They came to Japan last month.
Did they come to Japan last month?

2 英語にしましょう。
そのあとで，その質問に ①はい と ②いいえ で答えましょう。

(例) あなたは昨夜，テレビを見ましたか。
Did you watch TV last night?
→ ① Yes, I did. ② No, I didn't.

(1) あなたのお母さんは今朝，朝食を食べましたか。
Did your mother have[eat] breakfast this morning?
食べる：have　朝食：breakfast
→ ① Yes, she did. ② No, she didn't.

(2) あなたはコンサートを楽しみましたか。
Did you enjoy the concert?
楽しむ：enjoy　コンサート：the concert
→ ① Yes, I did. ② No, I didn't.

(3) あなたはこの前の土曜日，学校に行きましたか。
Did you go to school last Saturday?
→ ① Yes, I did. ② No, I didn't.

注意 Did you ～ ?は，Didとyouをつなげて [ディヂュ] のように発音されることがあります。

49 「何をしましたか」

本文123ページ

1 英語にしましょう。

(1) あなたはこの前の日曜日に何をしましたか。

　　What did you do last Sunday?

(2) あなたはいつ，彼を見たのですか。

　　When did you see him?
　　見える，見かける，会う：see

(3) あなたは今朝，何時に起きましたか。

　　What time did you get up this morning?
　　起きる：get up

(4) あなたはきのう，どこに行きましたか。

　　Where did you go yesterday?

(5) あなたはどうやってこのうで時計を手に入れたのですか。

　　How did you get this watch?
　　手に入れる：get　うで時計：watch

(6) あなたは朝食に何を食べましたか。

　　What did you have[eat] for breakfast?
　　食べる：have　朝食に：for breakfast

2 ふきだしの内容を英語で表しましょう。

ALT の先生に聞いてみましょう。

日本に来たのはいつですか？

　　When did you come to

　　Japan?

注意 疑問詞で始まる過去の疑問文でも，動詞は原形を使います。過去形にしないようにしましょう。

50 wasとwere

本文125ページ

1 was, were のうち，適する形を（　）に書きましょう。

(1) 私はきのう，忙しかった。

　　I（　was　）busy yesterday.

(2) 彼はそのとき台所にいました。

　　He（　was　）in the kitchen then.

(3) 彼らはそのときとてもおなかがすいていました。

　　They（　were　）very hungry then.

(4) あなたは今朝，家にいましたか。

　　（　Were　）you at home this morning?

2 英語にしましょう。

そのあとで，その質問に ①はい と ②いいえ で答えましょう。

(例) 晴れていましたか。

　　Was it sunny?

　　① Yes, it was.　　　② No, it wasn't.

(1) 映画はおもしろかったですか。

　　Was the movie interesting?
　　映画：the movie　おもしろい：interesting

　→ ① Yes, it was.　　② No, it wasn't.

(2) 彼らはそのとき学校にいましたか。

　　Were they at school then?
　　学校に：at school

　→ ① Yes, they were.　　② No, they weren't.

(3) あなたは疲れていましたか。

　　Were you tired?
　　疲れている：tired

　　① Yes, I was.　　　② No, I wasn't.

注意 was，wereの疑問文とdidの疑問文を混同しないようにしましょう。

1 (1) She　(2) You're　(3) are
(4) is　(5) are

解説

(1) she'sはshe isの短縮形。

(2) you'reはyou areの短縮形。

(3) weは複数の主語なのでareを使う。

2 (1) This is his camera.
(2) That's my bike.
(3) They're from Australia.
(4) Her house is big.

解説

(3) 「彼らは」は複数の主語なのでThey are 〜.で表す。

3 (1) I'm from Tokyo.
(2) I'm twelve (years old).
(3) I'm a junior high school student.
(4) My mother is an English teacher.

解説

(1) 「私は〜の出身です。」はI'm from 〜.で表す。

(2) 「〜歳」を表すyears oldは省略できる。

1 (1) likes　(2) speak
(3) go　(4) live

解説

(1) Emilyは3人称単数の主語なのでlikesの形にする。

(2)(3)(4) 一般動詞を使うときはbe動詞は不要。

2 (1) studies　(2) teaches
(3) practice　(4) comes

解説

(1) studyの3単現はstudiesの形。

(2) teachの3単現はesをつける。

3 (1) I like basketball.
(2) Miki plays the piano.
(3) My sister has a camera.
(4) I watch TV **after dinner.**
(5) Ms. Suzuki speaks Chinese.
(6) Takuya walks to school **every day.**

解説

(3) 「持っている」は動詞haveで表す。haveの3単現はhas。

(4) 「テレビを見る」はwatch TVで表す。

(5) 「(外国語を)話す」は動詞speakを使う。主語が3人称単数なのでspeaks。

復習テスト ❸ (本文46〜47ページ)

1 (1) in (2) after
(3) well (4) often

解説
(3) 「じょうずに」は副詞wellで表す。
(4) 「よく（しばしば）」は副詞oftenで表す。

2 (1) **Mr. Suzuki** has a red car.
(2) **This** book is interesting.
(3) **That** tall boy is Kenta.
(4) **She** comes here every day.

解説
(1) 「鈴木さんは赤い車を持っています。」a red carの語順に注意。
(2) 「この本はおもしろい。」
(3) **That tall boy**（あの背の高い男の子）が主語。
(4) 「彼女は毎日ここに来ます。」

3 (1) We play tennis after school.
(2) This is our new house.
(3) His question is easy.
(4) Their school is very small.
(5) She has a computer in her room.
(6) I usually go to school with Kumi.

解説
(2) our（私たちの）のつづりに注意。
(3) 「簡単な」はeasyで表す。
(5) 「自分の（彼女の）部屋に」はin her roomで表す。
(6) 「たいてい」はusually。「〜と（いっしょに）」はwithを使う。

復習テスト ❹ (本文56〜57ページ)

1 (1) doesn't (2) don't (3) isn't
(4) aren't (5) isn't

解説
(1) 「エミリーはコーヒーが好きではありません。」
(2) 「私は東京に住んでいません。」
(3) 「私の姉[妹]はサッカーのファンではありません。」
(4) 「彼らは大阪の出身ではありません。」
(5) 「あれは私の家ではありません。」

2 (1) I'm not busy now.
(2) I don't like science.
(3) My grandmother doesn't watch TV.
(4) Lucy doesn't speak Japanese at home.
(5) Kumi and I aren't in the same class.

解説
(1) 「私は今，忙しくありません。」という文に。
(2) 「私は理科が好きではありません。」という文に。
(3) 「私の祖母はテレビを見ません。」という文に。
(4) 「ルーシーは家では日本語を話しません。」という文に。
(5) 「久美と私は同じクラスではありません。」という文に。

3 (1) I don't know her name.
(2) My mother doesn't make breakfast on Sundays.
(3) My uncle doesn't have a car.
(4) Mr. Sato isn't a Japanese teacher.
(5) They aren't here now.

解説
(2)(3) 一般動詞の現在の文で，主語が３人称単数なのでdoesn'tを使う。
(5) 「いる，ある」はbe動詞で表せる。主語が複数なのでareを使う。

復習テスト ⑤ (本文68〜69ページ)

1 (1) Is (2) Do
(3) Is (4) Does

解説

(1) 「彼女は上手な歌い手ですか（彼女は歌が上手ですか）。」

(2) 「あなたは毎日テレビを見ますか。」

(3) 「あれはあなたの部屋ですか。」

(4) 「あなたのおじさんは東京に住んでいますか。」

2 (1) Is she busy today?
(2) Does Takuya like science?

解説

(1) 「彼女は今日，忙しいですか。」の文に。

(2) 「拓也は理科が好きですか。」の文に。

3 (1) Yes, it is. (2) No, I don't.
(3) Yes, he does.
(4) No, they aren't.
　　[No, they're not.]

解説

(1) 「あれはあなたの自転車ですか，健。」の問い。

(2) 「あなたは学校まで歩きますか，絵美。」の問い。

(3) 「佐藤さんは車を運転しますか。」の問い。

(4) 「彼らは台所にいますか。」の問い。

4 (1) Do you like baseball?
(2) Does Yuka play the piano?
(3) Does your father have a car?
(4) Is Mr. Sato a Japanese teacher?
(5) Is Mike from Australia?

解説

(1)(2)(3) 一般動詞の疑問文。主語が3人称単数の(2)(3)はdoesを使う。

(4)(5) be動詞の疑問文。主語が3人称単数なのでisを使う。

復習テスト ⑥ (本文76〜77ページ)

1 (1) play (2) drive
(3) Can (4) can't

解説

(1) 「私の姉[妹]はピアノが弾けます。」

(2) 「あなたのお父さんは運転できますか。」

(3) 「彼らは泳げますか。」

(4) 「私はかさを見つけられません。」

2 (1) ア (2) イ (3) ウ (4) ア

解説

(1) 「あなたのお兄さん[弟]はスキーができますか。」「はい，できます。」

(2) 「ドアを開けてもらえますか。」「もちろん。」

(3) 「あなたの辞書を借りてもいいですか，大樹。」「もちろん，どうぞ。」

(4) 「私の宿題を手伝ってもらえますか。」「いいですよ。」

3 (1) Ms. Tanaka can speak three languages.
(2) Can Lisa play the guitar?
(3) Can you read this word?
(4) I can't answer your question.
(5) Can I use your bike?
(6) Can you close the window?

解説

(5) 「〜してもいいですか」と許可を求めるときはCan I 〜 ?を使う。

(6) 「〜してくれますか」と依頼するときはCan you 〜 ?を使う。

1
(1) イ (2) ア (3) ウ (4) カ
(5) オ (6) エ

解説

(1) 「あなたは日曜日にはたいてい何をしますか。」
「私は野球をします。」

(2) 「私の辞書はどこですか。」「机の上にあります。」

(3) 「鈴木さんとはだれですか。」「彼は先生です。」

(4) 「あの建物は何ですか。」「学校です。」

(5) 「あなたは手に何を持っていますか。」「本を持っ
ています。」

(6) 「あなたのお父さんはどうですか（お元気です
か）。」「彼は元気です。」

2
(1) How do you come to school?
(2) What sport do you like?
(3) How is the weather in Sapporo?
(4) What do you have for breakfast?

解説

(1) 「あなたはどうやって学校に来ますか。」

(2) 「あなたは何のスポーツが好きですか。」

(3) 「札幌の天気はどうですか。」

(4) 「あなたは朝食に何を食べますか。」

3
(1) When is your birthday?
(2) Where do you live?
(3) Which is your bag?
(4) What time is it?
(5) What day is it today?

解説

(3) 「どちら〜」はwhichでたずねる。

(4)(5) 時刻や曜日をたずねる文は，ふつうitを主語
にする。

1
(1) us (2) him (3) cats
(4) children (5) brothers
(6) countries

解説

(1) 「私たちを手伝ってください。」

(2) 「あの背の高い男の子はジムです。彼を知って
いますか。」

(3) 「私は1ぴきの犬と2ひきのねこを飼っていま
す。」

(4) 「あそこに何人かの子どもたちが見えます。」

(5) 「私には男のきょうだいはいません。」

(6) 「この歌はたくさんの国で人気があります。」

2
(1) エ (2) ア (3) イ (4) ウ

解説

(1) 「あなたのお兄さん[弟]は何歳ですか。」「彼は
18歳です。」

(2) 「これはいくらですか。」「500円です。」

(3) 「英語の授業はどのくらいの長さですか。」「40
分間です。」

(4) 「佐藤さんは何台の車を持っていますか。」「2
台持っています。」

3
(1) How many comic books do you
have?
(2) I know them well.
(3) Don't open the window.
(4) Let's call her.
(5) How many sisters does she
have?

解説

(1)(5) How manyのあとの名詞は複数形にする。

1
(1) Are　(2) I know　(3) isn't　(4) is watching　(5) Do you have

解説

⑴ 「あなたは勉強しているのですか，大樹。」

⑵ 「私は佐藤さんをとてもよく知っています。」

⑶ 「彼は本を読んでいるのではありません。」

⑷ 「美樹はどこですか。」「彼女は自分の部屋でテレビを見ています。」

⑸ 「あなたはペンを持っていますか。」「はい。どうぞ。」

2
(1) Yes, he is.
(2) I'm having[eating] lunch with Misaki.
(3) They're swimming.
(4) He's listening to music.
(5) My mother is.

解説

⑴ 「あなたのお兄さん[弟]は図書館で勉強していますか。」の問い。

⑵ 「あなたは何をしていますか。」の問い。

⑶ 「彼らは何をしていますか。」の問い。

⑷ 「佐藤さんは何をしていますか。」の問い。

⑸ 「だれがピアノを弾いていますか。」の問い。答えの文は**My mother is** (playing the piano). のかっこの中が省略されていると考える。

3
(1) My mother is cooking in the kitchen.
(2) Are you writing a letter?
(3) He's running in the schoolyard.
(4) What are you doing?
(5) Is it raining in Tokyo?

解説

⑶ **run**は最後の1字を重ねて**ing**をつける。

⑸ 天気を表す文は**it**を主語にする。

1
(1) went　(2) came　(3) lived　(4) rained　(5) enjoyed　(6) had　(7) got

解説

⑴ 「私たちはこの前の週末，沖縄に行きました。」

⑵ 「ジョンソンさんは先月，日本に来ました。」

⑶ 「加藤さんは10年前，中国に住んでいました。」

⑷ 「先週たくさん雨が降りました。」

⑸ 「私は本当にその映画を楽しみました。」

⑹ 「私たちはパーティーでとても楽しい時を過ごしました。」

⑺ 「私は昨夜遅く，家に着きました。」

2
(1) Yes, he did.
(2) I studied English in the library.
(3) I got up at six (o'clock).

解説

⑴ 「鈴木さんはパーティーに来ましたか。」の問い。

⑵ 「あなたは放課後，何をしましたか。」の問い。

⑶ 「あなたは今朝，何時に起きましたか。」の問い。

3
(1) I was busy this morning.
(2) I went shopping with my mother last Sunday.
(3) I didn't have[eat] breakfast this morning.
(4) What did you do last weekend?
(5) Were you hungry then?

解説

⑴⑸　be動詞の過去の文で表す。